La Création

Raphaël Enthoven
Pierre Gibert
Jean-Claude Ameisen
Dominique Lecourt
Jean-Louis Vieillard-Baron
Marianne Massin

La Création

PERRIN / france culture

www.editions-perrin.fr
www.franceculture.com

ISBN 978-2-262-03008-7

A nos auditeurs

Ce livre est issu d'une semaine d'entretiens radiophoniques avec Raphaël Enthoven, sur le thème de la création, diffusés sur France Culture du 31 mars au 4 avril 2008, dans le cadre des « Nouveaux chemins de la connaissance ». Il a été mis en forme et, par endroits, précisé grâce à la philosophe Marion Richez.

Fidèles à leur titre et à leur vocation, « Les nouveaux chemins de la connaissance » se conçoivent comme une encyclopédie parcellaire, et empruntent les voies de la musique et de la philosophie pour donner, simplement, à penser le réel dans sa complexité.

Raphaël Enthoven en est le producteur délégué depuis août 2007.

1

RAPHAËL ENTHOVEN – Envisageons d'abord la question sous son angle absolu : la création de toute chose à partir de rien, dite *ex nihilo*. Car si les Grecs ont pensé la Création comme l'imposition d'une forme à une matière préexistante, les trois monothéismes, quant à eux, pensent davantage la Création en termes absolus. Pierre Gibert, vous êtes théologien, exégète de la Bible[1]. Vous revenez sur le mythe des origines, la Genèse, pour faire du commencement le lieu par excellence de l'insaisissable, du radicalement impossible à percevoir, et donc impossible à vivre comme tel. Bref, le commencement est une inconnue. On sort de votre livre avec le senti-

1. Pierre Gibert, prêtre jésuite, docteur en philosophie et en littérature comparée, auteur de *L'Inconnue du commencement*, Seuil, coll. « La couleur des idées », 2007.

ment que la formule des contes de fées, « il était une fois », est toujours, d'une certaine manière, un abus de langage.

PIERRE GIBERT – Oui, tout à fait. C'est un abus de langage qui souligne un artifice, et qui paradoxalement dit... que c'est impossible à dire. « Il était une fois », mais quelle fois ? Qui est ce « il » impersonnel ? C'est au fond une manière de dire qu'il n'y a pas de commencement, ou que le commencement est insaisissable.

R. E. – Insaisissable mais indispensable ! Puisque, paradoxalement, on ne peut pas envisager que les choses existent sans qu'elles aient un commencement.

P. G. – Non seulement on ne peut pas concevoir une chose, quelle qu'elle soit, sans émettre l'idée de commencement, mais surtout, et c'est ce dont je me suis rendu compte tout au long de ma recherche, ne rien pouvoir dire du commencement est quelque chose de difficile, voire d'angoissant, qui peut même être traumatisant. On est donc devant quelque chose qui est à la fois insaisissable et impossible, et en même temps indispensable.

R. E. – Mais comment se fait-il qu'on n'en puisse rien dire ?

P. G. – D'une certaine façon vous me posez une colle. D'abord, quand on parle du commencement, on pense en premier lieu à son propre commencement. Le point de départ de la réflexion est cette expérience personnelle qu'est l'impossibilité d'assister à notre propre commencement. Si j'ai commencé, je ne le découvre qu'après coup.

R. E. – Le commencement est donc la fabrication rétroactive d'une activité en train de se faire : on agit et on constate que c'est à ce moment-là, dans le passé, qu'on a commencé à faire ce qu'on est maintenant.

P. G. – Il n'y a en effet pas d'idée ni d'expression possibles du commencement sans qu'il y ait une conscience suffisante de soi ou de la réalité qu'on veut faire commencer, ni sans qu'il y ait une existence suffisante qui permette d'acquérir cette conscience de soi.

R. E. – Mais cela ne veut-il pas dire tout simplement que le commencement est une illusion, et donc qu'il n'y a pas de commencement ? Quelque chose commence, très bien, mais qu'y avait-il avant que cette chose commence ?

P. G. – Quand on dit qu'une chose commence, c'est qu'en réalité on fait plus que pressentir qu'il y a quelque chose qui précède. Donc on *décide* qu'une chose commence. Un commencement se déduit, se désigne, s'impose, se définit. Un commencement est toujours, d'une façon ou d'une autre, un artifice qui peut même aller jusqu'à la contrainte : on peut parfaitement *imposer* un commencement. Le commencement en tant que tel, effectivement, reste insaisissable. Il est quelque chose de décidé, de choisi, d'élu, de défini, mais toujours après coup. Un commencement n'est jamais premier, il est toujours second, et il est dépendant de la conscience qu'on a de soi, des idées qu'on peut se faire, de notre expérience.

R. E. – Pierre Gibert, vous dites que tout commencement est second. Est-ce que vous en diriez autant du début de la Genèse ?

« Au commencement, Dieu créa les cieux et la terre. La terre était informe et vide. Il y avait des ténèbres à la surface de l'abîme, et l'esprit de Dieu se mouvait au-dessus des eaux. Dieu dit : "Que la lumière soit", et la lumière fut. Dieu vit que la lumière était bonne, et Dieu sépara la lumière d'avec les ténèbres. Dieu appela la lumière "jour", et il appela les ténèbres "nuit".

Ainsi il y eut un soir et il y eut un matin. Ce fut le premier jour. Dieu dit : "Qu'il y ait une étendue entre les eaux et qu'elle sépare les eaux d'avec les eaux." Et Dieu fit l'étendue et il sépara les eaux qui sont au-dessous de l'étendue d'avec les eaux qui sont au-dessus de l'étendue. Et cela fut ainsi. Dieu appela l'étendue "ciel". Ainsi il y eut un soir et il y eut un matin. Ce fut le second jour. Dieu dit : "Que les eaux qui sont au-dessous du ciel se rassemblent en un seul lieu et que le sec paraisse", et cela fut ainsi. Dieu appela le sec "terre" et il appela l'amas des eaux "mer". Et Dieu vit que cela était bon. »

P. G. – Absolument. C'est un texte qui est relativement tardif…

R. E. – C'est pourtant le début de la Bible.

P. G. – … Il est placé au début de la Bible. Mais il reste un texte relativement tardif. On pense qu'il date du ve siècle avant notre ère : c'est sûrement l'un des textes les plus récents de ce qu'on appelle dans la Bible chrétienne l'Ancien Testament. De nombreux récits sont largement antérieurs à celui-ci. Comme nous le disions, on a pu parler du commencement, et de ce commencement-là, uniquement après une certaine expérience, et surtout après une certaine capacité de réflexion.

R. E. – Cela veut dire que des récits sont antérieurs à ce texte... qui raconte justement qu'il n'est précédé de rien du tout !

P. G. – En principe, oui. Seulement il faut regarder de plus près la lettre de ce texte. Je suis toujours émerveillé par sa puissante poésie qui filtre même au travers des traductions, et Dieu sait que sa traduction en est assez délicate dans ses termes hébraïques ! Reste que c'est un texte parfaitement fabriqué, avec des termes extrêmement bien choisis, précis ; il est surtout d'une construction admirable, mais c'est précisément une construction, pour ne pas dire une reconstruction.

R. E. – Vous parlez d'un texte fabriqué ; or le Dieu dont il est question ici n'est pas dans la position de l'artisan. Ça n'est pas le Dieu qui polit ou qui sculpte une matière qu'on lui mettrait dans les mains. C'est le Dieu qui crée à partir de rien, c'est...

P. G. – Pas tout à fait, si vous permettez. Le Dieu artisan, le Dieu potier ou sculpteur sera le Dieu du second récit de la Création, puisqu'il y a deux récits. Dans le chapitre deux, qui raconte l'histoire d'Adam et Eve, Dieu agit bel et bien comme artisan. Il est sculpteur, il est modeleur, il est jardinier. En revanche, vous avez raison, dans le premier texte, il crée par la parole et par l'idée de séparation. Cela ne veut pas dire qu'il crée à partir de rien ! Dès le verset 2, on nous précise en effet que quelque chose d'informe précède, quelque chose de vague, de ténébreux, un abîme qui est manifestement aqueux…

R. E. – « La terre était informe et vide. Il y avait des ténèbres à la surface de l'abîme et l'esprit de Dieu se mouvait au-dessus des eaux. »

P. G. – Il y a quelque chose d'antérieur à la Création ; c'est seulement beaucoup plus tard que l'on adviendra à l'idée qu'il n'y avait rien ou en tout cas que Dieu a fait apparaître quelque chose à partir de rien. Dans le chapitre 7 du deuxième livre des Macchabées apparaît la première formulation explicite de la création *ex nihilo*. Mais là, nous savons que c'est un texte beaucoup plus tardif, qui n'est d'ailleurs pas écrit en hébreu, mais en grec.

R. E. – Mais si quelque chose précède la création du monde par Dieu, peut-on alors parler de Dieu comme de la cause transcendante de toute chose ?

Le texte auquel je pense en vous posant cette question est la proposition 18 de la première partie de l'*Ethique* de Spinoza, proposition révolutionnaire s'il en est : « Dieu est cause immanente et non transitive de toute chose. » En bon français, si j'ose dire, cela signifie que Dieu étant identique à ce qu'il crée, il n'est donc pas distinguable des créatures qui sont les siennes. C'est donc que l'idée même de créature n'a plus de sens : Dieu n'en serait pas le producteur, pas plus qu'il ne serait le producteur d'un objet distinct de lui qui serait le monde. De ce point de vue, Spinoza, qui lui-même était un interprète de la Bible, forge une théorie de la connaissance parfaitement contraire au texte biblique.

P. G. – Absolument. Ce « Dieu des philosophes »-là, pour reprendre une expression pascalienne, ce Dieu identique à la nature n'est évidemment pas du tout le même que celui de la perception biblique.

R. E. – Reste à savoir comment expliquer cette présence de quelque chose avant Dieu ? L'informe, le vide, qu'est-ce que c'est ?

P. G. – Justement, on n'en sait rien. Ça fait des siècles, pour ne pas dire des millénaires, qu'on bataille pour savoir exactement ce qu'on a voulu dire par ce *tohuwabohu*, qui signifie « informe », « vide ». De même : « l'esprit de Dieu planait sur les eaux », de quoi s'agit-il dans ce *ruah* ? Et même ce fameux « au commencement », *bereshit*. Nous sommes tributaires des Grecs qui ont traduit cela par « *en archè* ». Déjà, *resh*, qui veut dire « tête », « début », « principe », est un terme extrêmement flou. En résumé, les deux premiers versets de ce chapitre sont bel et bien flous. Ce n'est d'ailleurs pas par hasard que les rédacteurs de ce texte, qui à mon sens sont des gens de très grande intelligence, placent en tout premier lieu la parole et la lumière : tant qu'il n'y aura pas la parole, tant qu'il n'y aura pas la lumière, on restera dans les ténèbres, dans le vague, l'insaisissable. Mais ce qui est en outre assez étonnant dans ce texte, c'est que Dieu apparaît tout à fait clair, en somme : tout-puissant, initiateur de la lumière, au commencement de tout. Mais avec quoi, à partir de quoi, dans quelles circonstances Dieu a-t-il créé ? Nous sommes ici dans un anthropomorphisme typiquement biblique : il est inconcevable de penser que quelque chose advienne à partir de rien, que ce soit à cette époque-là ou à partir des traditions, notamment assyrio-babyloniennes, auxquelles le texte hébraïque se réfère. Simplement, ce que la version hébraïque « purifie » en quelque sorte, c'est l'idée même de Dieu, en évacuant tout polythéisme. Il n'y a plus un principe du bien qui s'opposerait à un principe du mal d'une origine différente ; les dieux mauvais ou adverses sont éliminés au profit d'un Dieu unique et créateur. Le texte est en réalité une profession de foi au Dieu unique dont on va dire qu'Il est le responsable de cet univers et de cette création.

R. E. – Dans la Genèse, le récit de la création du monde est immédiatement suivi par un second récit de création, celui de l'homme et de la femme, Adam et Ève :

« L'Eternel Dieu dit : il n'est pas bon que l'homme soit seul. Je lui ferai une aide semblable à lui. L'Eternel Dieu forma de la terre tous les animaux des champs et tous les oiseaux du ciel, et il les fit venir vers l'homme pour voir comment il les appellerait, afin que tout être vivant portât le nom que lui donnerait l'homme. Et l'homme donna des noms à tout le bétail, aux oiseaux du ciel et à tous les animaux des champs. Mais, pour l'homme, il ne trouva point d'être semblable à lui. Alors l'Eternel Dieu fit tomber un profond sommeil sur l'homme, qui s'endormit. Il prit une de ses côtes et referma la chair à sa place. L'Eternel

Dieu forma une femme de la côte qu'il avait prise de l'homme et il l'amena vers l'homme. Et l'homme dit : "Voici cette fois celle qui est os de mes os et chair de ma chair." On l'appellera femme, parce qu'elle a été prise de l'homme. C'est pourquoi l'homme quittera son père et sa mère et s'attachera à sa femme et ils deviendront une seule chair. L'homme et sa femme étaient tous deux nus, et ils n'en avaient point honte. »

R. E. – Comme on le voit, ce second récit de la Création n'est pour le coup explicitement pas *ex nihiliste*. Il y a la poussière de la terre, Dieu souffle dans les narines d'Adam, c'est du sol qu'on fait pousser les arbres, c'est de la côte de l'homme que la femme surgit. En somme, on est ici en présence d'un Dieu qui serait davantage soumis à la matière.

P. G. – D'une certaine façon, oui. Mais ce qui se joue ici, à mon sens, est une autre version du commencement, ou de ce qu'on va placer au commencement, ce qu'on pourrait appeler, d'un terme savant que je vais simplifier, la fonction étiologique – l'étiologie étant un discours sur la cause. Il s'agit, dans ce texte, de donner une explication de ce qui est, de ce dont on fait l'expérience tous les jours, mais également et surtout de tenter de donner une explication à un certain nombre d'énigmes, sans la résolution desquelles on ne pourrait pas vivre clairement. En réalité, quand on regarde cette histoire d'Adam et Ève, de quoi s'agit-il ? D'une sorte d'anthropologie projetée aux origines qui va tenter de rendre compte de ce qu'est l'homme dans son rapport à la terre. Issu de la terre, il retournera à la terre.

R. E. – Toutefois le vrai mystère, ça n'est pas que l'homme devienne terre quand il est mis en terre, c'est que de la terre surgisse l'homme. Le vrai mystère est l'apparition de la vie.

P. G. – Certes. Mais pour l'auteur biblique de ce texte, cette explication au fond se trouve en Dieu, Dieu étant l'explication de tout. Je ne dis pas que le Dieu d'Israël se réduit à cela. Mais, Dieu ayant la maîtrise de tout, la toute-puissance, il est celui qui porte tout ce qui peut surgir dans l'univers, comme tout ce qui peut faire énigme pour l'homme. Autrement dit, il faut aller chercher la réponse des énigmes ou des questions en Dieu. Sur ce point, je crois que ce récit est en réalité très anthropomorphique ; je pense d'ailleurs que leur ou leurs auteurs n'étaient pas dupes de ces représentations. Ce récit a pour but de donner un certain nombre d'explications à des questions que l'homme se pose. De fait le mystère reste entier, je suis bien d'accord avec vous. Car il faut encore rappeler qu'un des résultats de l'exégèse est de certifier que ce texte est antérieur aux précédents. Donc, le récit d'Adam et Eve a été écrit *avant* le chapitre premier de la Genèse. Quant aux dates, il est toujours difficile et hasardeux d'en avancer : c'est un texte composite, tissé de différents textes probablement étalés entre le IXe et le VIe siècle avant notre ère, avec peut-être tel ou tel ajout mais de détails. Alors que le chapitre premier de la Genèse, ou plutôt le texte qui va être placé en premier, est un texte venu probablement des contrées babyloniennes et ramené d'exil par Israël, qui peut être daté du Ve, IVe siècle. Pour résumer, en réalité, le texte le plus ancien n'est pas le premier. Ce qui ne m'étonne pas du tout d'ailleurs, car c'est très conforme à la logique des commencements ; et même je trouve cela tout à fait normal.

R. E. – Pourquoi cela ?

P. G. – Parce qu'on est toujours en train de rechercher un commencement de plus en plus antérieur, qu'on puisse aller placer de plus en plus loin...

R. E. – Un commencement qui soit de plus en plus radical, à la racine des choses.

P. G. – Exactement. Et c'est pourquoi, d'ailleurs on voit très bien que l'histoire d'Adam et Eve sera le moment premier d'une histoire qui va continuer.

R. E. – Je voudrais bien savoir à quel texte biblique Descartes fait référence quand il écrit à Mersenne, dans sa lettre du 15 avril 1630, la chose suivante : « Les vérités mathématiques, lesquelles vous nommez éternelles, ont été établies de Dieu et en dépendent entièrement, aussi bien que tout le reste des créatures. C'est en effet parler de Dieu comme d'un Jupiter ou Saturne et l'assujettir aux Styx et aux destinées, que de dire que ces vérités sont indépendantes de lui. Ne craignez-vous point, je vous prie, d'assurer et de publier partout, que c'est Dieu qui a établi ces lois en la nature, ainsi qu'un roi établit des lois en son royaume. » En d'autres termes, Dieu pourrait faire que deux et deux fassent cinq. A quel texte, à quel morceau de Bible Descartes pense-t-il lorsqu'il écrit ça ?

Parce que pour le coup, on est dans la création *ex nihilo* radicale !

P. G. – Je serais bien en peine de vous répondre. Toutefois il ne faut pas oublier que Descartes vit dans la première moitié du XVIIe siècle, c'est un siècle de tensions énormes du fait notamment des Libertins – au sens du XVIIe siècle, c'est-à-dire des gens qui mettent la raison au premier plan. C'est le moment où justement on commence à discuter des différents textes, de ce qu'on appelle les contrariétés du texte, de leurs désordres. La raison des Libertins n'est d'ailleurs pas athéiste ou purement déiste. Beaucoup d'entre eux se réclament de la pensée d'Erasme ; or Erasme considère la raison comme un roi que Dieu a donné à l'homme pour le diriger, le faisant alors accéder non seulement à la connaissance, mais aussi à l'explication de la Bible. Avec Erasme l'homme a la capacité – pourvue par Dieu lui-même – d'expliquer la Bible, voire d'être en désaccord avec elle, et en tout cas de voir les difficultés du texte. C'est pourquoi on peut faire d'Erasme l'un des pères fondateurs de l'exégèse critique moderne. De ce point de vue-là, Descartes, à mon sens, se situe dans ce courant érasmien. Il s'est d'ailleurs toujours entouré de gens qui se disputaient à propos de la Bible ; mais souhaitait se tenir à l'écart de ces controverses théologiques, et philosopher.

R. E. – Descartes situe donc Dieu hors de la sphère de la connaissance, et Kant à sa suite – même si leurs propos sur Dieu divergeront, puisque Descartes démontre l'existence de Dieu alors que Kant réfutera la possibilité même de toute démonstration ; reste que Kant, à la suite de Descartes, posera qu'en sortant Dieu de la sphère de la connaissance, on ménage une place à la foi. Comment est-ce que le jésuite que vous êtes, Pierre Gibert, s'approprie-t-il cette difficulté ? En effet, soit Dieu fait l'objet d'une connaissance, et donc il ne fait plus l'objet d'une croyance, soit il est hors de la sphère de la connaissance, et c'est le retour légitime de la foi ?

P. G. – Ecoutez, sans me défiler je dirais, c'est d'abord la Bible elle-même…

R. E. – Vous allez vous défiler, là.

P. G. – … qui va me conduire justement, et par le biais des commencements, à une phrase étonnante que souvent on ne met pas suffisamment en valeur. Elle se situe précisément dans le Nouveau Testament : il s'agit du Prologue de saint Jean, qui est une reprise thématique des différents éléments du chapitre 1er de la Genèse. Il reprend ainsi la figure du *Logos*, qu'il identifiera évidemment au Christ. Mais le Prologue s'achève ainsi : « Dieu, nul ne l'a jamais vu. » Une épître de saint Paul va développer ce propos. Saint Jean épouse ici toute la dynamique de l'Ancien Testament, y compris la critique des images, par exemple chez un prophète comme Elie qui critique les grandes représentations de Dieu, efface toutes les images et s'incline devant le souffle d'une brise légère. Or, à quoi aboutit tout le langage de l'Ancien Testament ? Au dernier texte, qui récupère le chapitre 1er de la Genèse, c'est-à-dire le commencement absolu, et qui se clôt sur cette formule : « Dieu, nul ne l'a jamais vu. » Vous me demandiez tout à l'heure à quel texte Descartes pouvait se référer ; je dirais qu'il avait de la défiance non pas tellement vis-à-vis de la Bible, que vis-à-vis des commentateurs de la Bible ; mais en définitive il a probablement pensé à cette finale de saint Jean.

R. E. – Que répondez-vous aux créationnistes qui prennent le texte que nous avons entendu tout à l'heure au pied de la lettre ?

P. G. – On ne peut être créationniste que si on ne prend pas la peine de lire les textes, de constater qu'il n'y a pas un seul récit de création dans la Bible, mais qu'il y en a au moins trois, sans parler des grands textes descriptifs de la Création, soit tel ou tel Psaume, soit les chapitres 38 à 40 de Job. Je crois que, pour moi en tout cas, on ne peut pas être créationniste si on prend le texte biblique dans toute sa diversité, dans sa richesse…

R. E. – Et dans ses contradictions.

P. G. – Exactement. Nous avons, entre le chapitre 1er et le chapitre 2, deux textes parfaitement contradictoires. Il y a seulement deux choses qui comptent : on affirme que Dieu est à l'origine de tout, et surtout que tout est fait finalement pour l'homme.

R. E. – En somme ce que vous dites, c'est qu'il ne faut jamais prendre la Bible au pied de la lettre.

P. G. – Jamais, à aucun moment.

2

RAPHAËL ENTHOVEN – Jean-Claude Ameisen, vous enseignez l'immunologie à Paris VII[1]. Cela peut sembler un paradoxe de commencer en citant *Les fleurs du mal* : « La nature est un temple où de vivants piliers laissent parfois sortir de confuses paroles. L'homme y passe à travers des forêts de symboles qui l'observent avec des regards familiers. » Mais à lire votre livre[2], Jean-Claude Ameisen, on entend Baudelaire. Les ibis rouges de Yann Arthus-Bertrand rappellent, dans un réseau de correspondances, les réseaux tissés à l'intérieur d'une cellule ; l'os de l'oreille interne de la souris renvoie à l'anthropométrie d'Yves Klein ; les cellules du

1. Jean-Claude Ameisen est médecin, chercheur et président du comité d'éthique de l'Inserm.
2. Avec Yvan Brohard, *Quand l'art rencontre la science*, La Martinière, 2007.

cerveau rappellent l'intérieur de l'os, qui décrit lui-même *Le Baiser* de Gustav Klimt, les mitochondries dans une cellule du foie évoquent immanquablement l'empreinte laissée par Buzz Aldrin sur le sol lunaire. A tisser à l'infini le réseau des correspondances, on se dit que si l'art imite la nature, celle-ci le lui rend bien. Qu'aviez-vous en tête en montrant comme vous le faites les correspondances stupéfiantes entre l'art, la science et la nature ?

JEAN-CLAUDE AMEISEN – La première idée était de réconcilier ces deux façons complémentaires d'appréhender la réalité, scientifique et artistique, indûment séparées au cours du XIXe siècle : on en est peu à peu venu à cette idée, à mon sens fausse, qu'au fond plus la raison était froide, plus elle permettait d'appréhender le monde et de le comprendre, tandis que ce qui relevait de l'art était purement émotionnel. Mais depuis le fond des âges existe une autre idée selon laquelle la réalité étant multiple, on peut l'appréhender à la fois par la raison, en essayant de la comprendre, de la manipuler, et à la fois par l'émotion, en essayant de la ressentir et de la traduire. Il y a même plus : d'un côté l'idée qu'au fond l'émotion aide à comprendre ; de l'autre, que la compréhension aide à ressentir à des niveaux plus profonds.

R. E. – Vous parlez de compréhension, on pourrait opposer d'ailleurs l'ordre de la compréhension à l'ordre de l'explication. La compréhension serait une sorte d'explication sensible ou intuitive.

J.-C. A. – La compréhension conjuguerait au fond ce qui est de l'ordre de l'explication rationnelle et ce qui est de l'ordre de l'appropriation, de l'émotion, de l'empathie pour ce qu'on est en train d'approcher.

R. E. – Il est d'usage de dire que le XXe siècle a démenti l'alliance des progrès technique et moral qui prévalait au XIXe. Mais étrangement, le XIXe siècle, alors qu'il couplait technique et morale, dissociait art et raison, tandis que le XXe siècle a scindé technique et morale, mais a aussi tenté de réconcilier art et raison.

J.-C. A. – Ces dissociations relèvent à mon sens simplement de l'image que se donne une activité comme la recherche scientifique, la science ou l'art ; parce qu'au fond, je pense que les liens entre ces différentes activités existent toujours, qu'ils soient explicites ou implicites. On voit très bien d'ailleurs, même au XIXe siècle, comment les changements de représentation du monde, amenés par les avancées de la science, entretiennent des correspondances étroites avec la façon dont l'art représente la réalité. Donc je crois que les liens sont toujours là, mais dans la perception de la plupart des gens, il y aura une différence radicale entre ces deux activités. Pourtant cette différence n'est que de façade.

R. E. – Il y a les gens sérieux et les poètes. Du coup, Jean-Claude Ameisen, je ne sais pas dans quelle catégorie vous ranger. Si j'étais monsieur Homais, ce héros de la raison scientifique dans *Madame Bovary* de Flaubert, j'aurais un doute. Vous commencez en effet ce livre par une phrase d'un de ces « gens sérieux », comme on dit, mais qui par ailleurs est un poète, et dont le visage est aussi celui d'un poète. C'est Einstein. « La plus belle chose dont nous puissions faire l'expérience », dit-il, « est le mystère : la source de tout vrai art et de toute vraie science. » Vous avez voulu réhabiliter en somme le caractère mystérieux ou énigmatique des choses.

J.-C. A. – Tout à fait. L'étonnement aussi. La science comme l'art progresse par une forme d'étonnement, de retour à l'innocence, par l'abandon d'une forme d'habituation : à la suite de cet abandon, ce qui nous paraît familier devient merveilleux ou étrange : à ce moment-là, on essaie de l'aborder comme si c'était pour la première fois.

R. E. – Ce que vous dites me fait penser à un passage de Bergson dans *Le Rire*, dans lequel il écrit que le talent de l'artiste est aussi de savoir renouer avec une façon virginale de voir, d'entendre et de penser. Et Bergson écrit également dans *L'Evolution créatrice* que l'art vit de création et implique une croyance latente à la spontanéité de la nature. De même, dans votre préface, Jean-Claude Ameisen, vous vous posez toute une série de questions : où est l'arbre dans la graine ? Où finit le même et où commence l'autre ? Quand cesse la variation et quand naît la nouveauté ?... Une question notamment attire l'attention : la nouveauté disparaît-elle si je deviens capable de la prédire ? Quel est le sens de cette question ?

J.-C. A. – Ce qui peut stopper cet étonnement, ce sentiment d'émerveillement, cette impression au fond de ne pas savoir, de ne pas connaître, d'être obligé d'aller à la rencontre, c'est de croire qu'avoir préfiguré ce que l'on découvre le prive du même coup de sa nouveauté, de son caractère étonnant. En contrepoint de ce que vous disiez de Bergson, je cite un personnage de l'écrivain et dramaturge Thomas Stearns Eliot : « Nous n'aurons de cesse d'explorer : la fin de toutes nos explorations sera d'arriver à l'endroit d'où nous sommes partis et de connaître le lieu pour la première fois. » Il pointe cette espèce de réflexivité grâce à laquelle aller à la rencontre de ce qu'on a imaginé, préfiguré, n'empêche pas de rencontrer et peut être l'occasion d'un regard nouveau ; ainsi on n'épuise pas, en préfigurant ce qu'on ressent ou ce qu'on va comprendre, le mystère de ce qu'on va découvrir.

R. E. – Bergson, encore lui, raconte – je crois que c'est dans *L'Evolution créatrice* – qu'il se représente la réunion à laquelle il va assister. Il imagine ainsi les visages des gens – il se trouve que ce sont des gens qu'il connaît –, il sait même les tenues qu'ils porteront, il sait la couleur des murs, la forme des chaises, la taille de la table, il sait tout cela. Et pourtant, raconte Bergson, la réunion a lieu comme si elle était dessinée par la main d'un artiste. Serait-ce cela, cet étonnement qui va avec le fait qu'on puisse prédire quelque chose ?

J.-C. A. – Tout à fait. Si on reprend un autre poète, Heinrich von Kleist, que je cite aussi en exergue : « Rien ne devient jamais réel tant qu'on ne l'a pas ressenti », il y a cette idée, qui aujourd'hui présente des échos avec les progrès de la neuroscience – laquelle examine l'activité du cerveau au moment où quelqu'un est en train de penser, de ressentir une émotion –, que la description la plus minutieuse de la réalité n'épuise pas ce qu'on peut ressentir et ce qu'on peut vivre. L'idée que la description, ou encore une fois la préfiguration, épuise la réalité est donc une illusion. C'est quelque chose qui est d'ailleurs récurrent dans le domaine de la science : le fait qu'on pense qu'il n'y a plus que quelques détails à régler encore, et que le monde sera bientôt compris dans sa totalité.

R. E. – C'est le sens de la question que j'allais vous poser, Jean-Claude Ameisen : de quel étonnement parle-t-on ? Que répondez-vous à ceux qui disent que le propre de la science est de réduire l'inconnu, le méconnu, le non encore connu, à du déjà connu ? Nietzsche, de ce point de vue, assimile la science au processus de digestion, lequel réduit du différent à du semblable. Que répondez-vous à ceux qui disent que l'utilité pratique de la science lui impose de fabriquer l'habitude, de mettre le monde en diagrammes, de prendre tout ce qui est singulier et de le numériser, de le quantifier, et de résoudre finalement la qualité par la quantité, mais qui admettent, en revanche, qu'il demeure une façon de s'étonner que n'épuisent pas les découvertes de la science ? En somme un étonnement qui continuerait à tenir pour énigmatique le monde censément ordonné que nous lèguent les savants ?

J.-C. A. – Quand vous parlez de la dissociation ou de l'association entre la démarche scientifique, artistique ou la démarche morale, je pense qu'une part importante de la réflexion éthique consiste à concilier ce que nous apprend la science sur le monde et sur nous-mêmes comme objet de description vu de l'extérieur. Tout ce que la science nous raconte sur le monde, y compris sur nous-mêmes qui nous vivons comme sujet et acteur de notre vie, c'est un récit à la troisième personne du singulier. Or nous vivons notre existence à la première personne du singulier. Le problème récurrent est donc : comment s'approprier ce que nous apprenons justement de manière formalisée avec une science qui au fond est d'autant plus efficace qu'elle efface la singularité, qu'elle peut représenter ce qu'elle étudie comme un objet, alors que nous-mêmes ne sommes pas formalisables ? La question est de pouvoir mettre la connaissance au service de la personne, et non pas la personne au service de la connaissance ; mais en même temps, il faudrait être capable de se réapproprier ce qu'on apprend en tant que sujet vivant d'une vie intérieure. Donc je crois en effet que la science nous permet de comprendre, d'expliquer et de manipuler le monde, d'autant plus qu'elle est face à sa régularité ; c'est une très belle démarche qui d'ailleurs ne résout jamais rien, mais se contente de repousser les frontières de ce qu'il faudra de toute façon explorer demain. La question est donc : comment se réapproprier les acquis de la science dans un monde qui n'est jamais épuisé par sa formalisation mathématique ?

R. E. – C'est justement le débat auquel se livrent à distance Newton et Schopenhauer ! Newton en effet s'étonne que la pomme tombe, là où alors plus personne ne fait attention à ce fait si familier. Y faisant attention, il a donc cette capacité d'étonnement que vous vantez, Jean-Claude Ameisen. Newton s'étonne que la pomme tombe, et que fait-il ? Il en rend raison. Il en rend raison par un principe causal. A partir de là, l'étonnement, lui, se dissipe, puisqu'il sait pourquoi la pomme tombe. L'étonnement est donc abjuré au profit de la connaissance.

Bien plus tard, Schopenhauer, lui, s'étonnera, non pas tant que la pomme tombe, mais du fait que la causalité puisse suffire à expliquer la chute de la pomme : selon lui, ça n'est pas parce qu'on rend raison d'un phénomène qu'on épuise ce même phénomène. Il demeure énigmatique, même après avoir été expliqué.

J.-C. A. – Ce qui est intéressant dans la science, c'est qu'elle n'épuise pas le mystère, mais qu'elle le déplace ! Elle l'éloigne et nous force à aller toujours plus loin. En effet, ce n'est pas parce que quelque chose est devenu familier et manipulable qu'il est devenu banal ou sans intérêt. Nietzsche disait que « nous avons l'art pour ne pas périr de la vérité ». Moi je pense que ce n'est pas pour que la vérité nous fasse périr, mais pour que l'illusion d'avoir approché la vérité ne nous fasse pas périr. C'est de réintroduire cette distance entre ce qui est de l'ordre de la vérité et ce qui la dépasse et l'englobe.

R. E. – Dans votre livre, vous citez l'ouvrage de Lucrèce, *De la nature* ; Lucrèce décrit en poète la physique du monde. C'est en ce sens-là que vous vous en servez.

J.-C. A. – Oui, tout à fait. Lucrèce pensait que la beauté et l'émotion permettent de mieux comprendre, de mieux approcher ce qui est de l'ordre de l'explication : « J'écris en vers parce que le fait que cela soit beau facilite la réflexion et la compréhension. »

R. E. – C'est le miel qui permet de boire l'absinthe, dit-il aussi. Ce qu'il a à dire n'étant pas drôle, il se sert de la poésie comme d'un miel. Voici l'Invocation à Vénus par laquelle Lucrèce commence son texte :

« Mère des Enéades, plaisir des hommes et des dieux, Vénus nourricière, toi par qui sous les signes errants du ciel la mer porteuse de vaisseaux, les terres fertiles en moissons, se peuplent de créatures, puisque c'est à toi que toute espèce vivante doit d'être conçue et de voir une fois sortie des ténèbres la lumière du soleil, devant toi, ô déesse, à ton approche s'enfuient les vents, se dissipent les nuages. Sous tes pas la terre industrieuse parsème les plus douces fleurs. Les plaines des mers te sourient, et le ciel apaisé resplendit, tout inondé de lumière. Car sitôt qu'a reparu l'aspect printanier des jours, et que brisant ses chaînes reprend vigueur le souffle fécondant du Favonius, tout d'abord les oiseaux des airs te célèbrent ô déesse, et ta venue, le cœur bouleversé par ta puissance. A leur suite, bêtes sauvages, troupeaux, bondissent à travers les gras pâturages et passent à la nage les rapides cours d'eau, tant épris de ton charme. Chacun brûle de te suivre où tu veux l'entraîner. »

J.-C. A. – Pour moi, ce qui s'approche de ce qu'on appelle le vrai, quels que fussent ses changements au cours du temps, est beau. On parle d'ailleurs en science d'une belle théorie, d'une démonstration élégante...

R. E. – C'est son degré de vérité qui mesure sa beauté ?

J.-C. A. – C'est son degré de cohérence, et son degré de vérité est implicitement lié à son degré de cohérence. Autrement dit...

R. E. – De ce point de vue Ptolémée est beau.

J.-C. A. – Voilà. Une fois que ce degré de cohérence est – ou n'est pas – adéquat à la réalité, cette théorie restera – ou pas. En d'autres termes, je crois que la sensation de beauté dans une représentation du monde, qu'elle soit artistique ou scientifique, est un peu du même ordre, dans les intuitions qui la font naître, dans ce qu'on ressent en la voyant. Ensuite, évidemment, ce qui va faire qu'une théorie est bonne, qu'elle est utile ou pas, ou ce qui va faire qu'une œuvre d'art est considérée comme belle ou pas, n'est pas du même ordre. Et une théorie, aussi belle soit-elle, quelles que soient l'émotion et l'illumination qu'elle donne quand on la regarde, si elle n'est pas congruente à la réalité, cessera d'être une théorie scientifique utile, même si elle peut conserver un caractère esthétique.

R. E. – Si vous mêlez la poésie à la science, ça n'est donc pas par souci d'esthète, mais aussi parce que la poésie, comme la fine pointe d'une démarche scientifique, est aussi une façon d'appréhender le réel avec encore plus de précision qu'un concept.

J.-C. A. – Disons avec une autre forme de précision qu'un concept, et de manière complémentaire. Une démarche scientifique une fois aboutie nécessite tout un travail logique et rationnel qui vise à la tester, à l'élaborer et à la formaliser ; mais à son origine, elle naît souvent d'intuitions, d'émotions, d'imaginations. Elle est donc de l'ordre de ce que la poésie ou de ce que d'autres formes d'art permettent d'élaborer. La création est en fait une recombinaison ; elle est l'émergence d'une forme de nouveauté, qui est en fait une façon de réaménager de manière différente des combinaisons entre les mêmes éléments.

R. E. – Lucrèce compare d'ailleurs sa démarche à l'alphabet avec lequel on fait des mots toujours différents…

J.-C. A. – … en disant : « regarde le pouvoir des lettres quand seulement l'ordre en est changé ». Cette conception est étonnante, parce que sa compréhension reste déficitaire par toute une série d'aspects ; mais quand émergera la biologie moderne, puis la physique moderne en ce qui concerne la cosmogonie, cette idée lucrécienne d'agencement progressif et de plus en plus complexe à partir d'éléments de la nature va apparaître d'abord comme une force de l'évolution du vivant, puis comme la force qui a fait évoluer l'univers. Donc on retrouve vraiment cette idée que la Création, émergence de radicale nouveauté ou en tout cas d'impression de radicale nouveauté, est en fait le réarrangement, sous l'effet d'un certain nombre de lois de causalité et du hasard, entre des éléments préexistants plus simples.

R. E. – Et il en va chez Lucrèce de même de l'apparition de la vie. Lucrèce résout en effet ce mystère en décrivant les vers surgissant de la boue, comme si un assemblage de matière inerte finissait par produire ce qu'on peut appeler la vie. Cette théorie est-elle recevable, Jean-Claude Ameisen ?

J.-C. A. – Pas sous cette formulation. Ce qui est très beau quand on lit Lucrèce aujourd'hui, c'est cette intuition d'un monde qui évolue, l'intuition de la force du hasard. Mais il a encore des difficultés à formaliser les relations de causalité ou lois de la nature qui permettent à ce hasard, à ces associations incessantes, de maintenir une structure cohérente. C'est pour cela d'ailleurs que son œuvre tombera en désuétude pendant des siècles. Dans la façon qu'a Lucrèce d'appréhender l'évolution de la vie ou du monde, il y a évidemment des choses qui aujourd'hui paraissent extraordinairement naïves ou décalées. Mais je dirais qu'il y a également une très grande modernité dans sa façon de concevoir l'ensemble de l'univers inerte et vivant comme un processus évolutif. Les derniers mots de *L'Origine des espèces* de Charles Darwin sont : « à partir d'un début si simple ont évolué les formes les plus belles et les plus merveilleuses ». Et on retrouve alors sous une autre forme, pour le coup tout à fait cohérente et explicable, cette idée de perpétuelle modification et de perpétuel remodelage qui hante le *De natura rerum.*

R. E. – « Il est intéressant de contempler un rivage luxuriant tapissé de nombreuses plantes appartenant à de nombreuses espèces, abritant des oiseaux qui chantent dans les buissons, des insectes variés qui voltigent çà et là, des vers qui rampent dans la terre humide, si l'on songe que ces formes si admirablement construites, si différemment conformées et dépendantes les unes des autres d'une manière si complexe, ont toutes été produites par des lois qui agissent autour de nous. » C'est la fin de *L'Origine des espèces* de Charles Darwin.

J.-C. A. – Avec une partie relativement terrifiante qui va suivre et qui est : « ... ainsi des guerres de la nature, de la famine et de la mort ont émergé les réalisations les plus spectaculaires que nous puissions concevoir : il y a de la grandeur dans cette vision de la vie... », et il termine en évoquant « cette évolution permanente du foisonnement des formes les plus belles et les plus merveilleuses ». On a donc tous les registres : à la fois cette espèce de simplicité à partir de laquelle, avec des lois de la nature, ce qui est inimaginable peut émerger – à condition, ce qui est fondamental pour Darwin, de donner de l'épaisseur au temps. Et puis il y a cette espèce de saisissement et d'effroi devant le rôle de la disparition, de la mort, de tout ce qui sombre dans l'émergence de cette nouveauté ; et puis à nouveau cette espèce d'émerveillement devant l'infinie diversité de ce que la nature peut faire émerger spontanément.

R. E. – Vous travaillez sur la mort également : quelle place faire à la mort dans un univers dont vous contemplez la plénitude, que vous regardez avec l'œil admiratif de l'enfant, l'enfant savant en l'occurrence, mais l'enfant tout de même ? Vous avez écrit un livre intitulé *La Sculpture du vivant*[1]. C'est un ouvrage sur le suicide cellulaire, ou ce que vous appelez la mort créatrice. Quel sens donner à cet oxymore ?

J.-C. A. – Le sens le plus général et le moins anthropomorphique, parce qu'il s'agit de cellules, donc des composants universels du monde vivant depuis son origine, puisque depuis trois, quatre milliards d'années, c'est sous la forme de cellules que le monde vivant s'est propagé et composé.

1. Jean-Claude Ameisen, *La Sculpture du vivant : le suicide cellulaire ou la mort créatrice*, Seuil, coll. « Science ouverte », 1999 ; coll. « Points Science », n° 151, 2003.

C'est cette idée qu'au fond la Création, l'émergence de la nouveauté procèdent autant d'un phénomène de déconstruction que d'un phénomène de construction. Et que donc les phénomènes de disparition prématurée, d'autodestruction, de mort jouent un rôle important dans ce qu'on peut considérer comme un phénomène de sculpture, dans la mesure où ce qui émerge émerge autant de ce qui est retiré à la matière que de ce qui y est ajouté.

R. E. – Donc la mort cesse d'être un drame et la vie n'est plus sacrée.

J.-C. A. – Elle cesse certes d'être un drame tant qu'elle concerne des entités vivantes ou des êtres non conscients, mais elle devient un drame lorsqu'il s'agit non pas d'un phénomène purement biologique mais de la disparition d'une conscience, d'une vie intérieure.

R. E. – Néanmoins, ce que vous appelez « mort créatrice » se retrouve à l'œuvre dans les photos de votre livre *Quand l'art rencontre la science.* Je pense notamment à cette page tout à fait étonnante où vous mettez en vis-à-vis *Le Cri* d'Edvard Munch… avec l'écorce d'un arbre. C'est tout à fait stupéfiant, car on a vraiment le sentiment qu'on a sculpté le tableau de Munch sur… non ce n'est pas un arbre, c'est un poteau télégraphique, donc c'était un arbre, c'est un arbre mort sur lequel on retrouve très exactement le visage distordu peint par Munch !

J.-C. A. – Cette écorce d'un arbre mort est elle-même composée de cellules qui s'autodétruisent et qui recouvrent la surface de l'arbre de manière protectrice. Donc s'est spontanément sculpté à la surface de cet arbre quelque chose qui ressemble à cette forme que l'on voit là. Le peintre André Marquant disait : « J'ai senti certains jours que les arbres me regardaient. »

Le peintre est à la fois celui qui invente et celui qui anime, qui donne un sens à ce qu'il regarde. Et dans le regard, en particulier dans le regard de l'artiste, mais aussi dans le regard du scientifique, il y a toujours ce sentiment de réciprocité : aller à la rencontre du monde, puis essayer de se laisser habiter par ce que le monde nous dit, ou par ce que nous imaginons qu'il nous dit.

R. E. – Mais alors n'est-ce pas là, si j'ose dire, que le bât blesse ? Parce que le défaut de votre livre, si défaut il y a, c'est aussi bizarrement ce qui le rend stupéfiant ; le fait que des choses de nature différente puissent se ressembler à ce point. La coupe d'un cerveau de rat ressemble à un masque rituel de Nouvelle-Guinée, l'oreille interne est le sosie de *La Tour de Babel* représentée par Bruegel, les cellules musculaires sont quasiment identiques aux détails des motifs géométriques d'une école coranique à Bagdad. Mais justement, on a le sentiment, à vous lire et à regarder ces images, d'un isomorphisme rigoureux entre l'art, la science et la nature. Est-ce que ce n'est pas une façon de dire que finalement l'art a reproduit la nature, ou que la nature a reproduit l'art, et qu'on est donc dans un registre qui est celui de l'imitation stricte, plutôt qu'une forme d'interprétation de la spontanéité naturelle ?

J.-C. A. – C'est une translation. C'est le passage de l'un à l'autre, c'est au fond la nature qui fait naître la culture et la culture qui la réinscrit dans la nature. Il ne faut pas oublier que notre regard est le facteur commun et les rapports sont étroits. Victor Hugo dans son *William Shakespeare* écrit que la nature et l'art sont deux versants d'un même fait. Ce qui ne veut pas dire qu'ils sont identiques ! Simplement il y a comme deux façons d'appréhender la réalité.

Cela dit, l'idée de mon livre était de surprendre, et donc de choisir dans toutes ces correspondances les plus incroyables, y compris dans les cas où ce sont des lois mathématiques qui sont le lien commun entre deux choses qui nous paraissent à première vue différentes. Dans la plupart de ces correspondances, l'œil est attiré par une ressemblance, et commence à s'interroger sur ce qu'elle signifie. Et puis il y a des cas où l'œil ne voit pas la ressemblance, et c'est alors la science qui permet de savoir que derrière des apparences très opposées une même loi est à l'œuvre et fait émerger, à partir des mêmes mécanismes, des entités qui ne se ressemblent pas. Il ne s'agit toutefois pas dans mon esprit de transposition directe, simplement d'un passage incessant d'une image à l'autre qui donne à penser. Et je tenais aussi à suggérer l'idée que la démarche scientifique, apparemment quelque chose d'effrayant, de froid, a au contraire un caractère profondément humain, et qu'on peut aller à sa rencontre simplement par l'émotion… avant de commencer à réfléchir et à connaître.

R. E. – L'un des poèmes qui pourraient illustrer le mieux votre projet est « Le serpent qui danse » dans les *Fleurs du mal* de Baudelaire.

Que j'aime voir, chère indolente,
De ton corps si beau,
Comme une étoffe vacillante,
Miroiter la peau !

Octosyllabe, pentasyllabe, octosyllabe, pentasyllabe. Le charme absolu de ce poème tient au fait que Baudelaire applique les recettes qui sont celles du nombre d'or.

3

RAPHAËL ENTHOVEN – Avec Dominique Lecourt[1], philosophe, nous abordons le mensonge du créationnisme et le dialogue de sourds qui l'oppose aux théories de l'évolution. Le mystère du créationnisme réside dans son maintien malgré les progrès de la science. Qu'il y ait au XVIIe siècle bien des gens pour affirmer la platitude de la Terre ou défendre le géocentrisme, passe encore. Mais qu'en 2008, les mêmes ou leurs descendants s'en prennent à la théorie de l'évolution, démontrent, ou croient le faire, que la Terre a été créée en six jours il y a dix mille ans, entreprennent des fouilles pour mettre la main sur l'épave de l'arche de Noé, ou soutiennent

1. Philosophe et auteur notamment de *L'Amérique entre la Bible et Darwin* (Presses universitaires de France, 1992 ; rééd. coll. « Quadrige. Essais, débats », 2007).

que les dinosaures n'ont jamais existé, là est la question, là est le mystère. À quoi sert la science, si elle ne suffit pas à ranger ce genre de lubies au placard ? Comment expliquer la persistance, la résurrection de cette folie ? Sous le débat qui oppose le « créationnisme » à l'« évolutionnisme », c'est la question même de l'efficacité de la science qui est posée. Dominique Lecourt, comment expliquer la prospérité du créationnisme malgré les progrès et les démentis de la science ?

DOMINIQUE LECOURT – Probablement parce que le créationnisme n'est précisément pas une science, mais répond aux questions existentielles que les êtres humains se posent sur le destin de leur vie.

R. E. – Mais le créationnisme se donne, depuis au moins deux décennies, un tour scientifique !

D. L. – C'est justement la nouveauté américaine : le créationnisme s'est effectivement présenté dans des atours scientifiques à partir des années 1960-1980.

R. E. – Il y avait eu une première vague dans les années 1920.

D. L. – Dans les années 1920, il s'agissait d'un créationnisme brut, c'est-à-dire qui consistait à rejeter la théorie darwinienne de l'évolution sous prétexte que cette dernière était contraire aux dogmes de la religion chrétienne, affirmant en particulier que l'homme descend du singe ou de quelque branche de singe. C'était donc absolument indigne à la fois de la créature qui était supposée être créée à l'image de Dieu, et contraire aux valeurs américaines, puisque la Constitution américaine repose sur une référence explicite à Dieu. Il y a ainsi eu aux Etats-Unis depuis 1925 une longue offensive pour empêcher l'enseignement du darwinisme ou de la théorie de l'évolution dans les écoles, et ce au nom de la Création, qui est supposée être le ciment des valeurs américaines.

R. E. – En somme, dans les années 1920, l'offensive créationniste se déroule sur deux plans : un plan de vérité, la vérité qui est la parole de la Bible, et un plan moral, qui est, en somme, qu'écrire que l'homme descend du singe revient à justifier l'avortement, le divorce, l'homosexualité ou la prise de drogue.

D. L. – Exactement. La propagande était essentiellement morale, et elle le restera : encore aujourd'hui, la morale est la ligne de mire des créationnistes. La période allant de 1925 à 1960-

1970 voit se développer une campagne recrutant parmi les fondamentalistes protestants américains ; ces derniers essaient de chasser la théorie de l'évolution des écoles, mais finalement, au terme de multiples procès et de procédures complexes, il a bien fallu se rendre compte que ça ne passait pas au regard du premier amendement de la Constitution des Etats-Unis, lequel interdit qu'on reconnaisse officiellement une religion dans les établissements scolaires, et plus généralement dans les établissements publics.

R. E. – Il est donc interdit de promulguer une loi qui viserait à établir une religion.

D. L. – Il n'y a pas de religion d'Etat, c'est la face laïque de la Constitution américaine. C'est le premier amendement.

R. E. – Tocqueville à ce titre admirait le sens religieux des Américains, tout comme il admirait également le fait que l'Eglise et l'Etat soient radicalement séparés.

D. L. – Il y a les deux pans. Et quand on oublie l'un, l'autre se rappelle à votre souvenir ; en l'occurrence, ils ont essayé de jouer sur les deux tableaux : d'abord sous la forme d'une demande d'interdiction, réclamant des lois prohibant l'enseignement de Darwin. Ce fut le cas en 1925, au moment du « procès du singe », où l'on a vu deux Amériques s'affronter.

R. E. – Il faut revenir sur cet épisode décisif.

D. L. – C'est la scène primitive, si j'ose dire. En 1925, le Tennessee, comme un certain nombre d'autres Etats du Sud, a essayé de faire passer des lois qui interdisaient l'enseignement de l'évolution dans les écoles publiques.

R. E. – Un jeune enseignant avait même été condamné à une amende.

D. L. – Se livre alors une bataille assez subtile, puisque l'Association des libertés américaines et des libertés civiles, l'ACLU, a demandé à l'un de ses enseignants de tester cette loi en enseignant le darwinisme afin qu'il soit condamné, et que l'on puisse faire opposition pour enfin monter jusqu'à la Cour suprême et annuler définitivement ce genre de loi. Cette démarche a pris beaucoup de temps et n'a pas donné de résultats concluants, ni pour les uns, ni pour les autres. Alors, à partir des années 1960, les créationnistes se sont dit qu'il valait mieux jouer sur les deux tableaux. Ils ont alors présenté la doctrine de la Bible, de la Genèse, comme étant une doctrine scientifique offrant une hypothèse alternative à l'hypothèse darwinienne. Il y aurait donc selon eux deux hypothèses scientifiquement équivalentes : d'un côté l'hypothèse de la Genèse, avec la Création *ex nihilo*, les six jours, en somme tout ce que dit la Bible, mais pris rigoureusement à la lettre ; et, de l'autre côté, l'hypothèse Darwin. Tant qu'à faire, disent-ils, choisissez donc l'hypothèse la plus ancienne ! En plus, le livre a été écrit par Dieu, c'est tout de même plus convaincant que ce bricolage d'un scientifique !

R. E. – Darwin, on l'apprend dans votre livre, était lui-même théiste. Mais l'épisode auquel vous faites référence, rappelons-le, est ce qu'on a appelé « l'affaire de l'Arkansas ». On est en 1982, et le juge du district fédéral, Bill Overton, déclare inconstitutionnelle une loi du 1er mars 1981 approuvée par l'État d'Arkansas et prévoyant que les élèves des écoles publiques devront désormais recevoir un enseignement qui place sur un pied d'égalité la science de la création et la science de l'évolution.

D. L. – C'est ce qu'il appelle le « *balanced treatment* ». Or le juge entreprit un travail considérable consistant à démontrer au tribunal le caractère non pas scientifique mais religieux du créationnisme ; c'est plus exactement une version littérale de l'interprétation de la Bible qui essaie de s'imposer dans les écoles, non seulement contre la science, mais aussi contre les autres interprétations de la Bible. C'est pourquoi d'ailleurs le juge Overton a bénéficié du soutien des juifs, ainsi que d'autres dénominations protestantes et de l'Église catholique. Tous trois avaient fait bloc contre le créationnisme scientifique, c'est-à-dire contre cette idée que la Bible serait un livre scientifique énonçant une hypothèse d'un même niveau épistémologique que celui de l'évolutionnisme.

R. E. – Cela ne signifie-t-il pas que ce créationnisme du début des années 1980, qui prétend se donner une crédibilité scientifique, n'est pas contradictoire comme tel ? En effet, rigoureusement, l'hypothèse créationniste étant infalsifiable, ou non réfutable, selon le critère établi par Karl Popper, elle n'est pas objectivement scientifique. De plus, en procédant de la sorte, le créationnisme ne fait-il pas de Dieu un objet de savoir et non plus de croyance ?

D. L. – Bien entendu, c'est contradictoire en soi. Mais c'est une ruse ! Je crois que cela a vraiment été conçu comme une stratégie, tissée d'ailleurs de toutes sortes de ruses supplémentaires : la constitution de programmes scientifiques à la radio, sur trente-cinq chaînes, l'élaboration de manuels scolaires qui ressemblent exactement aux manuels de biologie ordinaires. Bref il y a toute une science Potemkine, si j'ose dire, élaborée à cette occasion. Un de leurs organisateurs, l'ingénieur Maurice, a joué un rôle tout à fait important. C'est en effet lui qui a eu pour la première fois l'idée d'accoler les mots de « créationnisme » et « scientifique ». C'était un ingénieur du génie civil ; il a également créé l'Institut de la science de la création.

R. E. – Maurice, par exemple, soutient que la paléontologie n'a aucun sens, puisque les couches de fossiles se sont formées en trois cents jours, au cours du Déluge.

D. L. – Il raisonne ainsi : si vous admettez la vérité de la Bible, alors il faut que vous admettiez tout. Y compris de tout comprimer en 4 000 ans ! Ce qui est quand même un petit peu difficile... Mais à ce moment-là, il faut faire des recherches pour établir effectivement que par exemple les dinosaures ont été contemporains des hommes, ou organiser des expéditions pour aller chercher des reliefs de l'Arche de Noé.

R. E. – Comment faire tenir les dinosaures et les hommes en un seul temps ?

D. L. – Maurice admet volontiers qu'il y a des êtres qu'on peut appeler dinosaures, et qui ont été contemporains des hommes. Ce qui lui importe surtout, et cela se comprend, c'est d'arriver à tout faire tenir en 4 000 ans. Certains ont toutefois essayé de recalculer en allant jusqu'à 10 000 ans. Mais tout cela demeure sur la base de l'interprétation du récit, enfin de l'un des récits de la Genèse…

R. E. – On a pu voir avec Pierre Gibert qu'il y avait plusieurs récits.

D. L. – Effectivement. Ils ont pu également jouer sur le mot « jour », dans l'expression les « six jours » de la Création. En hébreu, « jour » se dit *yom*, qui peut également vouloir dire « espace de temps ». On peut donc dilater les jours, jusqu'à les faire correspondre à des périodes géologiques ! Mais enfin, de toute façon, même en dilatant un peu, si l'on veut que la Bible soit un compte rendu scientifique, il faudrait faire tenir la Création en quelques milliers d'années alors qu'elle en nécessite quelques milliards.

R. E. – L'une des faiblesses de la théorie qu'il propose ne tient-elle pas par ailleurs à son caractère irréfutable ? Pour dire que le monde a été créé il y a 4 000 ou 10 000 ans, il faut pouvoir dire que Dieu a disposé les choses de telle manière que l'on puisse penser qu'elles sont plus anciennes que cela, alors qu'en somme elles existent, elles sont quasiment nos contemporaines. En d'autres termes, toute preuve du fait que le monde existe depuis plus de 10 000 ans est immédiatement intégrée dans un système qui veut que Dieu ait créé tout cela et, par conséquent, nous ait donné aussi l'illusion que ce monde est plus vieux. En résumé : la faiblesse du créationnisme n'est-elle pas de se rendre hermétique à toute possibilité de contradiction ?

D. L. – Le créationnisme est un dogme, et en tant que dogme, il ne peut pas admettre d'être réfuté selon les procédures de connaissance scientifique.

R. E. – Donc cela ne peut pas être une science.

D. L. – Mais là où justement le cas américain est étrange, c'est qu'ils veulent à la fois que ce soit un dogme et qu'il soit démontré ! Ce qui, du point de vue épistémologique, est un petit peu difficile à admettre... Mais je vous signale qu'aujourd'hui, même le musulman Harun Yahya, qui a élaboré cet incroyable livre de sept kilos intitulé *L'Atlas de la Création*, un monument d'une beauté extraordinaire présentant des collections de fossiles à faire pâlir les collectionneurs les plus avertis, cet homme-là nie également l'évolution, et en se référant à un dogme supposé avoir valeur de connaissance. Or un dogme n'a pas valeur de connaissance. *

R. E. – Un dogme ne fait que démontrer ce à quoi il adhère de toute façon au départ.

D. L. – Il s'agit de confirmer des textes révélés, c'est-à-dire des vérités préalablement données. Or la démarche scientifique est tout le contraire. Elle consiste à produire toujours de nouvelles connaissances. Les connaissances qu'on aurait voulu produire sur la base du créationnisme scientifique n'auraient jamais été autre chose que des confirmations du dogme, et en aucun cas des connaissances nouvelles. Alors on avait beau mettre des programmes de recherche dans le centre de San Diego...

R. E. – C'est-à-dire l'Institut pour la recherche sur la Création, n'est-ce pas ?

D. L. – Exactement. Cet institut-là n'a rien produit et il ne pouvait rien produire de nouveau. Il ne pouvait simplement qu'illustrer, plus ou moins bien, un dogme préalablement donné.

R. E. – Il y a par ailleurs un lien, me semble-t-il, entre le créationnisme et le négationnisme. Le créationnisme comme le négationnisme reposent sur l'idée que ce que la science standard, si j'ose dire, affirme aujourd'hui, d'une part, est falsifiable, d'autre part, n'est pas toujours vrai, et en déduit des conséquences qui vont très loin. Le fait que nous ne puissions pas prouver absolument, par exemple, la datation d'un fossile ne suffit pas à démontrer que le monde a été créé il y a 10 000 ans, mais enfin c'est la porte ouverte à la possibilité de le penser.

D. L. – Exactement. Sur la datation par exemple, c'est un grand problème, puisque la datation au carbone 14 a été remise en cause par eux. Il faut dire, et c'est un aspect intéressant, que les « vrais » scientifiques, eux, avaient été trop affirmatifs dans leur maniement des méthodes de datation, et avaient bel et bien commis des erreurs. Et au lieu de reconnaître ces erreurs, ils se sont eux-mêmes braqués dans une position dogmatique ! Je crois que l'un des drames de cette affaire du créationnisme américain est qu'il y a d'un côté ce que vous dites, ces créationnistes pris de folie ou de lubie, et de l'autre des scientifiques qui eux croient pouvoir démontrer que la religion n'a pas de valeur, et qu'ils vont impunément pouvoir substituer la valeur de vérité, qui est la valeur de la science, aux valeurs défendues par la religion. Or c'est une erreur fondamentale !

R. E. – En somme, c'est le savant borné Homais contre le curé sectaire Bournisien, ces deux personnages de *Madame Bovary* : vous avez d'un côté le défenseur de Voltaire, de l'autre le porte-parole des Evangiles. Or la grande leçon de Flaubert, c'est que d'une certaine manière les deux se valent.

D. L. – Je ne suis pas loin d'être d'accord avec Flaubert. On s'aperçoit aujourd'hui par exemple qu'un éminent biologiste anglais comme Richard Dawkins peut écrire un livre couronné par un franc succès, *The God Delusion*, en français *Pour en finir avec Dieu*, et y défendre l'idée que la biologie est parfaitement capable d'expliquer les affects portant les gens à la religion. C'est ce genre de dogmes scientistes qui sont à l'origine de tous les désastres matérialistes de la civilisation contemporaine ; on en décèle à l'origine du nazisme, à l'origine du communisme, de tous les totalitarismes, et maintenant, certainement, d'al-Qaida, même si c'est plus difficile à montrer. Ce genre de thème reste transversal à toutes les périodes du créationnisme américain et se propage à présent au monde musulman. Il a même l'air de gagner certains pays protestants d'Europe : en Hollande, une ministre de l'Éducation nationale a proposé qu'on enseigne une forme de créationnisme à l'école. Bref, le créationnisme touche le monde entier.

R. E. – De la même façon que dans le *Traité d'athéologie*, par exemple, Michel Onfray s'indigne qu'on puisse penser qu'un homme ait pu marcher sur l'eau ou bien que Marie ait pu avoir des enfants tout en étant vierge, ce qui n'est d'ailleurs pas la version officielle, ou encore que le Christ puisse manger sans déféquer, bref quand il affirme, en homme de science très rigoureux, implacable, qu'il est scientifiquement impossible d'affirmer de telles choses, est-ce qu'il ne donne pas d'une certaine manière du grain à moudre à l'Eglise qui peut répondre qu'elle ne se situe précisément pas sur ce terrain-là ?

D. L. – Exactement. Les discussions théologiques sont des discussions rationnelles, au moins dans une partie de la tradition, mais elles ne sont pas des discussions sur des faits scientifiques, comme c'est le cas dans le cadre d'une démarche scientifique destinée à construire ces faits.

R. E. – En d'autres termes, il y a un scientisme qui nourrit le créationnisme de la même façon qu'il y a un athéisme militant qui nourrit les positions les plus radicales de l'Eglise.

D. L. – C'est la thèse que je défends : on oublie trop que le scientisme nourrit le créationnisme et d'autres fariboles du même genre.

R. E. – Votre ami Jacques Arnoult, le philosophe historien et théologien surtout, évoque ce dogmatisme scientifique :

« Ce qui donne à mon avis quelquefois de l'eau au moulin des créationnistes, ce n'est pas les hésitations ou les questions des scientifiques, parce que ça relève effectivement du fonctionnement de la science, ce qu'ils n'acceptent pas, mais ça relève plutôt parfois de quelques positions malheureuses mais dogmatiques de scientifiques. Vous savez, pour attaquer quelqu'un, plus il est dogmatique et fixiste, mieux c'est, parce que lui ne bouge pas. Il n'y a rien de pire que les cibles mobiles. De ce point de vue-là, un bon scientifique reste toujours une cible mobile, parce qu'il est à un moment donné à un endroit, demain il espère être à un autre, parce qu'il aura avancé. Et il n'y a rien de pire qu'un théologien qui est mobile dans sa réflexion, croyez-moi. Alors qu'on préfère un bon dogmatique, on sait où il est, il n'en bouge pas, et donc on peut l'attaquer. »

Comment faire pour lutter contre le créationnisme, puisque soit on l'ignore et il prospère, soit on le combat et ses défenseurs diront qu'on le combat avec des armes de mauvaise foi ?

D. L. – Eh bien il faut faire de la philosophie.

R. E. – Vous prêchez des convaincus.

D. L. – C'est-à-dire qu'il faut voir que toute une tradition occidentale a consisté à s'interroger sur les modes d'appréhension du vrai par la connaissance, et a questionné à partir de là les autres formes de la pensée de la vie humaine, les autres valeurs, telles que le vrai, le beau, le bien, le juste, valeurs admises par les hommes pour vivre. Or, la grande erreur est de vouloir soumettre à l'unique valeur de vérité l'ensemble des autres valeurs.

R. E. – Mais le problème n'est-il pas insoluble ? Au XVIIe siècle, on défendait le principe que la Terre était plate ou au centre de l'univers.

Encore aujourd'hui, il y a des gens pour chercher sur le mont Ararat des reliques de l'Arche de Noé. Et si la science n'avait aucune prise sur la morale ?

D. L. – Ce fut en effet la grande illusion du XIXe siècle de croire que la science, par son propre progrès, allait être capable de faire progresser la morale.

R. E. – Rousseau avait déjà mis en garde tout le monde contre cette illusion au XVIIIe siècle.

D. L. – Certes, mais au XIXe siècle, tous les ministres de l'Instruction publique de la IIIe République française allient le développement technique au développement moral. Ils ont fait des discours magnifiques d'ailleurs, très nobles, mais enfin complètement faux.

R. E. – Renan disait : « Moi qui suis cultivé, je ne connais pas le mal en moi. »

D. L. – Oui, et Berthelot : « Il ne reste plus qu'à dissiper toutes les illusions par la science et organiser scientifiquement l'humanité, le bonheur viendra de surcroît. » La morale laïque était bâtie sur cette idée extraordinairement simple, voire simpliste. Aujourd'hui il nous faut reconnaître que cette position est fausse, et même dangereuse.

R. E. – Que cette position soit fausse ne tient-il pas au fait que la croyance témoigne d'abord de l'incroyance ? Qu'en somme, croire en quelque chose, c'est renoncer à en faire un objet de connaissance ?

D. L. – De toute façon quand on croit à quelque chose, c'est que l'on n'en a pas la connaissance.

R. E. – Et par conséquent la connaissance n'a pas de prise sur le fait d'y croire.

D. L. – Mais la connaissance n'a aucune prise. Et pourquoi est-ce que l'on croit à quelque chose ? C'est parce qu'on a besoin d'y croire, et ce besoin n'est absolument pas lié à des questions de connaissance. Ce n'est pas parce qu'on ressentirait douloureusement une ignorance, c'est parce qu'en réalité on a un besoin pour vivre de se donner des objets d'adhésion qui permettent de conserver une identité et de garantir un parcours.

R. E. – Donc celui qui croit témoigne par sa croyance du désarroi qui serait le sien s'il ne croyait pas.

D. L. – Exactement.

R. E. – Et donc là-dessus la science ne peut pas…

D. L. – La science n'a aucune prise là-dessus.

4

RAPHAËL ENTHOVEN – Nous allons parler aujourd'hui de Bergson, celui qu'il est impossible de comprendre sans le trouver génial, l'auteur de *L'Evolution créatrice* et le penseur de la joie. La philosophie de Bergson, disait Paul Valéry, est moins un exposé de sa pensée que son acte même. De sorte qu'on n'explique pas Bergson, mais on le comprend de l'intérieur, on ne réfléchit pas sur Bergson, mais on l'éprouve, on marche avec lui. Lire Bergson, c'est faire d'emblée l'expérience musicale et intime d'une pensée qui s'achemine vers l'indicible. Il ne s'agit pas ici d'être objectif mais de rester fidèle à soi et de se livrer rigoureusement au jeu de l'improvisation, du jaillissement continu d'imprévisible nouveauté, de la variation sur les thèmes qu'il propose. Et c'est à ce jeu-là que nous allons nous livrer en compagnie de Jean-Louis Vieillard-

Baron[1]. « Partout où il y a joie, écrit Bergson, il y a création. Plus riche est la création, plus profonde est la joie. » Je vous propose qu'on parte de là.

JEAN-LOUIS VIEILLARD-BARON – Bonne idée ! La joie est le signe que la nature nous a donné pour nous avertir que notre destination est atteinte. Au fond, comme chez Spinoza, la joie est le dernier moment, le moment de l'accomplissement véritable de la philosophie. Il y a plusieurs niveaux évidemment, car chez Bergson tout va par degrés. Le premier niveau de création est extrêmement modeste : il s'agit du mouvement volontaire, puisque déjà de cette manière je change le monde d'une certaine façon…

R. E. – Dans la mesure où j'en fais partie d'ailleurs, et où le monde change avec moi changeant.

J.-L. V.-B. – Exactement. Second niveau, la vie est création ; la vie crée parce qu'elle se reproduit et évolue. Et la création est immanente à la vie ;

1. Jean-Louis Vieillard-Baron, professeur de philosophie à l'université de Poitiers et auteur de *Bergson*, PUF, coll. « Que sais-je ? », n° 2596, 2007.

la vie est ce qu'elle se fait. Enfin, le niveau supérieur, celui de la création libre de l'homme, dans l'œuvre d'art par exemple, puisque cette dernière sert de modèle. Toutefois Bergson a été sensible au fait que tout le monde n'était pas génial.

R. E. – Tout le monde n'est pas génial, c'est-à-dire que tout le monde n'est pas en mesure de poser sur le monde un regard candide, un regard virginal, on pourrait dire virgénial d'ailleurs – un mot horrible –, mais après tout il y a chez Bergson l'idée que le génie créateur consiste également à renouer avec une forme de spontanéité naturelle qui invite à un regard renouvelé sur le monde.

J.-L. V.-B. – Parfaitement. Le romancier hardi nous remet en face de la réalité, alors que toute notre vie sociale quotidienne nous écarte de la réalité véritable, qui est par sa nature même créatrice, puisqu'elle est faite de durée. C'est une découverte que Bergson a faite dès sa jeunesse.

R. E. – Il faut rappeler ce qu'on entend par durée chez Bergson et qui est au cœur de sa pensée philosophique. C'est le fait d'interpréter le temps comme non divisible. Elle est une sorte de continuation spontanée de tous nos états de conscience, qui en fait nous constituent tels que nous sommes.

J.-L. V.-B. – Quand nous regardons le monde, et même quand nous nous regardons nous-mêmes, nous voyons une grande diversité : diversité d'impressions, de sensations, d'objets. Abusés par cette apparente diversité, nous négligeons du coup cette continuité profonde qui est la continuité même de l'élan de la vie ainsi que la continuité de notre flux de conscience. Sur ce point, à la même époque et sans relation entre eux, plusieurs penseurs ont découvert cette idée de la continuité de la conscience comme flux, aussi bien William James que Husserl.

R. E. – Bergson part de l'impossibilité de quantifier nos émotions. Dans son premier texte intitulé *Essai sur les données immédiates de la conscience*, Bergson explique que l'amour, par exemple, ne peut pas faire l'objet d'une comptabilité. Quand on aime, on ne compte pas. C'est une phrase qui n'est pas de lui, mais qui pourrait être de lui et qui peut-être en résume le propos.

J.-L. V.-B. – Oui, parfaitement. La découverte de la qualité, c'est-à-dire du fait que toute émotion échappe aux nombres, il l'a faite par critique de la psychophysique de son temps. Mais en même temps, c'est une découverte fondamentale parce que toute notre vie, toute notre conscience sont colorées de cette façon. C'est en cela qu'il y a une création continuée de la durée : chaque état de conscience, chaque impression, chaque sentiment que nous vivons a sa nuance propre. Donc il est entièrement original et on ne peut pas le réduire ; même les mots l'expriment mal. C'est la raison pour laquelle le grand artiste, le grand romancier nous remettent face à la réalité, car ils savent trouver les mots qui vont détourner l'attention de l'usage ordinaire et qui font revenir à cet essentiel que l'on perd continuellement.

R. E. – En somme, le grand artiste, ou le grand écrivain par exemple, c'est celui qui, malgré la pesanteur des mots, malgré leur fixité, est capable de reproduire le mouvement dont témoigne la durée qui nous constitue.

J.-L. V.-B. – Exactement. Quelque chose se rajoute dans le fait de la création réalisée par un esprit créateur : le fait qu'il soit capable de transmettre l'émotion qu'il ressent, ce qui est évidemment difficile ; il se produit une espèce de coïncidence entre l'auteur et son sujet. C'est cela qui fait la vraie création, et qui la différencie de la fabrication un peu artificielle.

R. E. – Il y a peut-être également une distinction à opérer entre la fabrication, c'est-à-dire l'objet qu'on met à distance, dont l'intelligence opère la fabrication, et ce que Bergson appellerait l'organisation, c'est-à-dire la création spontanée, par la vie, de sa propre pluralité. Pour l'illustrer par un exemple, tous les flocons de neige sont différents, ils ont tous six branches, mais ils n'ont pas été fabriqués les uns après les autres. Ils ont été organisés, c'est-à-dire créés.

J.-L. V.-B. – L'élan créateur à la base de tout est l'inverse de l'assemblage de pièces et de morceaux qu'on peut faire dans une fabrication. En effet Bergson pense que la fabrication de la vie est une illusion parce que la vie ne procède pas par fabrication. La vie procède par organisation, ce que Bergson illustre en recourant à l'exemple des ondes : la vie « se propage » à partir d'un centre, comme des ondes sur l'eau quand on a jeté une pierre dans l'eau.

R. E. – C'est la puissance centrifuge de la vie. De ce point de vue, nous commettons fréquemment l'erreur de regarder le monde comme s'il avait été créé par un être intelligent, un être qui, comme nous, aurait assemblé les différentes parties du monde pour en produire toute la complexité. En somme, nous réduisons l'organisation à la fabrication.

J.-L V.-B. – Quand Bergson évoque la création absolue, c'est-à-dire le fait qu'il y aurait eu une création du monde par Dieu, il dit d'abord que l'idée de créer à partir de rien n'a pas de sens : on ne peut pas présupposer un vide auquel succéderait un plein.

R. E. – Parce que le vide est lui-même la présence de quelque chose qui a le tort de ne pas être ce qu'on attend.

J.-L V.-B. – Exactement. Il n'y a pas de vide chez Bergson. C'est une philosophie du plein. Donc il n'y a pas de non-être, il y a l'être, qui est fondamentalement durée. Dieu, s'il existe, serait vie, serait mouvement, serait plénitude. Ce qui correspond à son idée de la durée ! Louis Lavelle l'a très bien compris qui dit : « Le Dieu de Bergson, c'est la durée, puisque c'est cela l'absolu. »

R. E. – Jankélévitch parle du chaos chez Bergson en expliquant que le chaos est non pas un néant, mais un « béant ». Il est riche non pas de toutes les potentialités, mais du fait qu'il est lui-même quelque chose d'existant.

J.-L. V.-B. – Oui, c'est le désordre. Le désordre est un ordre qu'on ne perçoit pas. En fait, il n'y a pas de désordre absolu, donc il n'y a pas de chaos. L'idée d'un chaos en soi est une idée fausse, et c'est une illusion : c'est quand nous ne trouvons pas l'ordre que nous attendions que nous parlons de chaos. Jankélévitch a très bien compris le sens des totalités organiques chez Bergson, il a très bien vu que sa philosophie était une philosophie de la plénitude.

R. E. – La création chez Bergson n'est donc ni une création à partir de rien, ni le réarrangement mécanique d'éléments anciens, mais elle est, et c'est l'expression de Bergson, une « évolution créatrice ». Qu'est-ce que cela signifie ?

J.-L. V.-B. – Le titre se voulait provocateur, puisqu'il y avait déjà d'un côté des créationnistes, et de l'autre des évolutionnistes. Les créationnistes pensaient qu'il y avait un plan déterminé de la Création, par conséquent que tout était pratiquement donné au départ et n'avait plus qu'à se dérouler ensuite ; les évolutionnistes s'opposaient radicalement à cette idée. Bergson est assez peu darwinien : il admire le travail de Darwin, qui a été d'observer dans son voyage dans le Pacifique toute la diversité des espèces, le fait que d'une île à l'autre les espèces n'étaient pas les mêmes, et que les animaux qui se ressemblaient étaient en fait très différents, etc. Tout relève de l'attitude normale du scientifique qui fait de l'observation extérieure, c'est-à-dire la collection des individualités, l'émerveillement devant la diversité de la vie.

R. E. – Bergson, en revanche, combat dans le darwinisme l'idée d'un finalisme, d'une détermination absolue de toutes les existences, car il y voit une négation de ce que la vie peut avoir de jaillissant, d'imprévisible, d'inattendu. Dans le passage suivant de *L'Evolution créatrice*, il montre combien l'artiste serait bien en peine de se donner une finalité : « … personne, pas même l'artiste, n'eût pu prévoir exactement ce que serait le portrait […] Ainsi pour les moments de notre vie, dont nous sommes les artisans. Chacun d'eux est une espèce de création. Et de même que le talent du peintre se forme ou se déforme, en tout cas se modifie sous l'influence même des œuvres qu'il produit, ainsi chacun de nos états, en même temps qu'il sort de nous, modifie notre personne, étant la forme nouvelle que nous venons de nous donner. On a donc raison de dire que ce que nous faisons dépend de ce que nous sommes. Mais il faut ajouter que nous sommes dans une certaine mesure ce que nous faisons et que nous nous créons continuellement nous-mêmes[1]. »

Dans le même livre, Bergson vante le génie de Beethoven à plusieurs reprises, en expliquant qu'il n'y a pas moins d'ordre dans une symphonie de Beethoven (qui est pourtant l'imprévisibilité et la génialité mêmes !) que dans les prévisions d'un astronome calculant les distances entre les étoiles à tel instant du ciel.

J.-L. V.-B. – Le créateur génial en fait ne crée pas en fonction d'un but à atteindre qui serait prédéterminé, pas du tout. Il n'en a pourtant pas moins le sens de cette organisation. Bergson prend souvent l'exemple de la mélodie comme ce qui tient à l'essence même de la durée : si on change un infime élément de la mélodie, on la détruit. Ce qui fait la valeur d'une mélodie est donc précisément cet effet de superposition, d'accumulation,

1. Henri Bergson, *L'Evolution créatrice*, PUF, 2007, pp. 499-500.

qui est purement qualitatif, et qui fait qu'elle se déroule dans un temps déterminé qui ne peut être ni augmenté ni réduit, même si chaque interprète le ressent à sa façon.

R. E. – Et le recrée aussi, peut-être, à sa manière. L'interprétation est en effet chez Bergson une forme de création. Il y a cette idée chez lui, que l'on retrouve d'ailleurs chez les stoïciens ou chez Confucius, que la création relève davantage de la rectitude du geste que de la nature du but à atteindre.

J.-L. V.-B. – Dans « La conscience et la vie », l'une des conférences qui ont suivi la publication de *L'Evolution créatrice*, Bergson développe cette idée très intéressante que la création est l'exception : et c'est l'exception qui fait marcher le monde. Mais en même temps, si nous nous regardons nous-mêmes, l'effort de créer est finalement plus important que le résultat. Nous nous créons nous-mêmes par l'effort fait. Même si la recherche conduisant à l'œuvre n'aboutit pas, elle n'est pas perdue pour autant, puisque ce faisant nous nous sommes créés nous-mêmes. Chez Bergson, cela va très loin : nous créons notre propre caractère. Bergson racontait qu'il s'était forgé une écriture. C'était quelqu'un de très concentré et de très réservé, de très maîtrisé ; en disant qu'il s'était forgé une écriture, il avoue qu'il n'écrivait pas bien spontanément et qu'il s'était appliqué à acquérir une belle écriture. De fait, ses manuscrits montrent le soin apporté à la formation des lettres.

R. E. – Jean-Louis Vieillard-Baron, vous avez dit qu'il n'y a pas de but à atteindre. Pourtant on regarde bien souvent ce qui existe comme ayant été possible avant d'avoir existé. On interprète les choses en général comme ayant été prévues avant d'être advenues. Or, dit Bergson, c'est une illusion de la conscience, c'est regarder le monde à l'envers. Donc, dire qu'il n'y a pas de but à atteindre, cela revient à penser que, pour Bergson, la notion même de possibilité n'a pas de sens.

J.-L. V.-B. – Il racontait cette anecdote, qu'un jour qu'un journaliste lui avait demandé s'il pensait qu'il y aurait une nouvelle pièce qui serait la grande tragédie de demain. Il avait répondu : « Oui c'est cela, il a dit : si je le savais, je l'aurais faite. » « Je l'aurais faite », cela veut dire qu'en réalité il n'y a pas de prescience. Pour Bergson, il faut absolument rompre avec une vision logique du monde dans laquelle on choisirait parmi des possibles et on réaliserait des choses qui ont déjà été déterminées en tant que possibles.

R. E. – C'est en fait contre Leibniz qu'il écrit cela, plus exactement contre l'idée qu'il y a une infinité de mondes possibles et que Dieu en choisirait un parmi d'autres. On est donc spontanément leibnizien lorsqu'on se dit qu'« on aurait pu faire autrement ».

Or, pour Bergson, nous n'avons qu'une vie, et ce que nous faisons, nous le sommes et nous ne pouvons pas faire autrement. On pourrait presque parler de lui comme d'un précurseur de l'existentialisme à ce titre ! Car c'est bien lui qui dit : nous faisons ce que nous sommes, nous sommes ce que nous faisons.

J.-L. V.-B. – Nous nous faisons nous-mêmes en agissant. Et cela, c'est très fort ! Car au fond il dit : l'acte vraiment libre est celui où je m'exprime entièrement, « avec l'âme entière », pour reprendre la formule de Platon. Donc c'est cet acte qui est vraiment la création, même s'il ne porte pas sur la construction d'une œuvre.

R. E. – Est-ce qu'on peut de ce point de vue parler de la création comme d'un laisser-aller ?

J.-L. V.-B. – Bergson a eu sur ce sujet un mot malheureux qui a choqué beaucoup de gens, parce qu'en même temps Bergson est très volontariste : il pense qu'une volonté suffisamment tendue peut changer le cours du monde. Mais c'est pour expliquer le caractère d'indétermination de la durée qu'il dit : « Quand notre moi se laisse vivre, nous avons l'image de ce qu'est la durée, parce que nous ne faisons pas de division artificielle. » Nous nous faisons illusion sur nous-mêmes continuellement en disant : j'ai telle raison d'agir, comment est-ce que je vais la mettre en œuvre ? Nous appliquons alors à nous-mêmes un schéma déterministe que Bergson rejette.

R. E. – Ainsi c'est pour le meilleur ou pour le pire qu'on peut se laisser aller. Mais il y a deux façons de se laisser aller. La première d'entre elles est mortifère. C'est l'habitude sous son angle le plus routinier, le plus fatal à l'amour. Et la seconde, elle, est au contraire bien vivante, il s'agit de se laisser aller à la manière de Bergson.

J.-L. V.-B. – L'inverse de la création chez Bergson, son repoussoir en quelque sorte, est l'automatisme. Il dit : « Si le déterminisme avait raison, nous serions des automates conscients. » Evidemment ça n'est pas possible, parce que la conviction que nous avons de notre liberté résiste à tous les – nombreux – arguments pour nous dire que nous sommes entièrement le jouet des circonstances. Ce qu'il reproche à Darwin est simplement d'avoir pensé qu'on pouvait tout expliquer par la sélection naturelle et par l'adaptation, que cela suffisait à expliquer la vie. Or, pour lui, la vie suppose quand même une force créatrice, une unité qui n'est pas réductible à une capacité d'adaptation.

R. E. – Et cette force créatrice peut nous permettre de comprendre peut-être un troisième terme. Bien souvent dans les débats entre philosophes, ou tout simplement dans le quotidien de l'existence, on oppose le mécanisme, l'automatisme d'un côté, et le libre arbitre de l'autre. Or on a avec Bergson un troisième terme : ni automatisme ni libre arbitre. Car il n'y a pas non plus de libre arbitre chez Bergson.

J.-L. V.-B. – Oui, la question de la liberté ne se réduit pas à un choix entre deux branches d'une alternative. En réalité, la liberté implique le choix, mais la vérité profonde de la liberté c'est l'expression de soi, c'est la nécessité intérieure et le fait d'assumer sa propre personnalité. Bergson a beaucoup parlé de la personnalité ; il dit finalement : « Bien souvent nous oublions d'être nous-mêmes. »

R. E. – Autrement dit l'inverse du conseil nietzschéen : « Deviens ce que tu es » ?

J.-L. V.-B. – « Deviens ce que tu es », cela peut parfaitement s'interpréter en termes bergsoniens.

R. E. – Ce n'est pas seulement au sens où tu es quelque chose au départ et que tu n'as qu'à le devenir, c'est autre chose. C'est : tu es ce que tu deviens.

J.-L. V.-B. – Oui. Sois ce que tu deviens : il n'y a pas de substance qui dure, il n'y a que de la durée. Le moi n'est pas donné avant son existence, il se fait tous les jours, et donc il devient ce qu'il est ; mais ce qu'il est n'est pas préétabli, ce qu'il est est ce qu'il peut se faire lui-même.

R. E. – C'est-à-dire que l'on n'est pas temporel comme on est blond, brun, méchant ou gentil par exemple. On n'est pas temporel accidentellement, on est temporel essentiellement.

J.-L V.-B. – On est temporel nécessairement, par la nature même de l'homme, et on tombe dans l'automatisme pour beaucoup de nos actions, bien entendu pour des raisons d'éducation et de vie sociale, mais notre réalité profonde c'est le temps, c'est d'être temporel.

R. E. – « Rendez l'exercice de leur liberté aux défunts que nous sommes tous, aux automates fascinés par le lac obscur, aux morts vivants de la défaite quotidienne. Donnez-nous de ne pas retomber dans les profondes ténèbres. Donnez-nous à la fois la quiétude du devenir et l'ivresse de la liberté, la durée sage et la minute heureuse, la paix de ce soir et la joie de ce matin. » Ça n'est pas du Bergson, c'est du Jankélévitch.

5

RAPHAËL ENTHOVEN – Comment parler de l'inspiration sans verser soit dans la transcendance, dans l'absolu, soit dans le génialisme romantique vaniteux de celui dont l'âme est un « paysage choisi » ? Comment affranchir l'inspiration de l'alternative entre d'un côté une représentation religieuse, et de l'autre, la sanctification de nos petits états d'âme ? Bref, que dire de ce que Lévinas appelle cette « intrigue de l'infini », où je me fais l'auteur de ce que j'entends ?

« Selon les uns ou les autres, écrivez-vous, Marianne Massin[1], l'inspiration a pu symboliser l'impérieuse dictée de Dieu, la génialité d'une

1. Maître de conférences à l'université Rennes II et auteur notamment de *La Pensée vive : essai sur l'inspiration philosophique*, Armand Collin, coll. « L'inspiration philosophique », 2007.

nature réchauffée, l'enthousiaste propagation d'une grâce transitive, l'illumination immédiate ou la récompense jamais garantie d'une lente mise en œuvre. Qu'elle témoigne d'une intervention divine, de l'aléa d'une révélation ou d'une nature portée à l'incandescence, l'inspiration mêle l'accueil ébloui d'une impérieuse évidence et l'intensification des facultés. L'élection singulière est le partage, la création est la réception, l'intérieur est l'extérieur. » Et j'ai presque envie d'ajouter : l'intime est l'altérité.

MARIANNE MASSIN – Oui, on pourrait tout à fait l'ajouter. De fait c'est dans la suite logique de la chose, l'intérieur et l'extérieur, l'intime et l'altérité. L'inspiration, c'est aussi cette réception en soi, dans un accueil ébloui, de quelque chose qui nous vient de l'extérieur. Qui nous vient de l'extérieur, mais qui nous est donné dans un acquiescement qui, lui, modifie de façon intime et durable la personne qui reçoit cette injonction de penser quelque chose.

R. E. – Vous dites « injonction ». Vous reprenez là un vocabulaire de la transcendance.

M. M. – Parce que cela se dit dans ce vocabulaire-là, quand bien même certaines personnes s'en démarquent. L'analyse de Nietzsche me semble en ce sens tout à fait intéressante, parce que lui en parle comme du fait qu'on ne peut pas se défendre d'un reste de superstition : à ce moment-là, il faut bien employer ce vocabulaire de la transcendance. Nietzsche permet de comprendre comment l'inspiration est nécessaire pour se donner dans ce vocabulaire, tout en ramenant résolument l'inspiration dans un processus terrestre.

R. E. – « Quelqu'un a-t-il en cette fin du XIXe siècle la notion claire de ce que les poètes aux grandes époques de l'humanité appelaient l'inspiration ? Si nul ne le sait, je vais l'expliquer ici », dit Nietzsche sans humilité. Et un peu plus loin, vous citez un autre texte de lui, tout à fait magnifique, je crois que c'est dans *Le Voyageur et son ombre* : « On entend, on ne cherche pas, on prend, on ne se demande pas qui donne, tel un éclair la pensée jaillit soudain avec une nécessité absolue. Les choses elles-mêmes viennent à nous. » Ici ça n'est pas Dieu, ce sont les choses.

M. M. – Ce sont les choses elles-mêmes qui viennent à nous, et il parle lui-même en termes d'inspiration de la pensée du Zarathoustra en employant ce jeu de mots sur *einfallen*, « venir », et *überfallen*, « tomber », « surprendre » en fait, qu'on pourrait traduire vraiment par « surprendre »…

R. E. – *Überfallen*, c'est « tomber dessus », c'est littéralement la surprise.

M. M. – C'est la surprise, très exactement. Et c'est assez beau d'ailleurs, cette idée d'un redoublement. Et le *über* pourrait être de la transcendance : mais il prend bien soin de dire immédiatement que c'est la gestation d'un éléphant femelle.

R. E. – Oui bien sûr, parce qu'il se vivait enceint du *Zarathoustra* !

M. M. – Donc on voit bien que cette dimension de l'inspiration doit être prise avec toutes les précautions. C'est-à-dire à la fois comme quelque chose qui doit se dire encore dans un vocabulaire qui permet de saisir l'irruption fulgurante de quelque chose, mais en même temps qui doit être reconduit immédiatement à la décantation sourde d'une pensée en gestation.

R. E. – Oui c'est ça exactement ; il faudrait raconter évidemment l'épisode nietzschéen dans lequel, sur le chemin de Surlei, dans la forêt longeant le lac de Silvaplana, il a soudainement la révélation de l'éternel retour, une sorte d'illumination. C'est une sorte de lumière sans transcendance, de pleine lumière. Et il a le sentiment de l'éternel retour. Il fait donc cette découverte, qu'il refera d'ailleurs une nouvelle fois sur la route de Rapallo.

M. M. – Ce qui se donne toujours dans une discontinuité, dans la mesure où cela se reproduit, se réitère, il faut l'inscrire dans un rythme, dans l'ampleur d'un rythme. C'est vraiment la maturation, la gestation de quelque chose qui va s'élaborer et qui va se donner dans des prises, dans des déprises, dans des surprises, dans des reprises.

R. E. – « Réitération » signifie étymologiquement d'ailleurs le fait de parcourir à nouveau le même chemin. *Iter* signifie en latin le chemin. Une autre figure de l'inspiration chez vous, Marianne Massin, enfin dans l'histoire que vous faites de l'inspiration plutôt, est Rousseau, qui raconte que ce n'est pas à sa table qu'il écrit, mais en marchant.

M. M. – Oui c'est en marchant, et c'est sur la route de Vincennes, en particulier, qu'il aura son inspiration la plus célèbre : on est en octobre 1749, Rousseau va rendre visite à Diderot, alors en prison. En marchant sur cette route, il feuillette le journal qu'il a dans sa poche, et tombe alors sur le sujet du « concours » proposé par l'Académie des sciences, à l'occasion duquel il écrira le *Discours sur les sciences et les arts* : « Si jamais quelque chose a ressemblé à une inspiration subite, c'est le mouvement qui se fit en moi à cette lecture. Tout à coup je me sens l'esprit ébloui de mille lumières, des foules d'idées vives s'y présentèrent à la fois avec une force et une confusion qui me jeta dans un trouble inexprimable. Je sens ma tête prise par un étourdissement semblable à l'ivresse. » L'ivresse et l'inspiration.

R. E. – L'ivresse est en effet un thème important. Ici l'on voit à la fois s'inscrire pour Rousseau, dans un vocabulaire tout à fait physiologique, quelque chose qui mêle une double tradition : il décrit un phénomène qui surgit de l'extérieur, semble-t-il, et qui pourrait donc se donner dans le vocabulaire de la transcendance ; or il va tout au contraire se donner dans le vocabulaire de l'ivresse, vocabulaire franchement physiologique, loin de toute transcendance. La double tradition qu'on retrouve dans ce vocabulaire de l'inspiration est celle, grecque, de la double racine platonicienne : notamment l'aimantation présente dans l'*Ion* de Platon, ou la *mania* qu'on trouve dans le *Phèdre*, c'est-à-dire la folie, la transe, qui sous sa forme la plus belle, amoureuse, érotique, va nous conduire jusqu'à l'amour de la philosophie et va nous faire pousser des ailes... Cette *mania* sera étayée, reprise et sous-tendue aussi par le personnage même de Socrate, qui est capable de transporter ceux qu'il écoute. Il y a également la racine pseudo-aristotélicienne dans le Problème XXX, petit texte intitulé *L'Homme de génie et la Mélancolie*, où justement l'idée même d'inspiration est rattachée à une disposition physiologique, à la théorie des humeurs, et à cette idée d'une crase mélancolique qui crée une instabilité dans l'être, facilitant du coup une propension à l'imagination.

R. E. – Vous voulez dire que la mélancolie est un état propice à l'inspiration ?

M. M. – Pour cette racine pseudo-aristotélicienne, oui, la mélancolie conduit à l'inspiration.

R. E. – Vous avez parlé tout à l'heure, Marianne Massin, de la réception en soi d'une injonction. Nous venons d'évoquer Nietzsche et Rousseau. Nietzsche est d'un côté le déconstructeur du moi, l'un des destructeurs de l'identité. Rousseau est plutôt le contraire, c'est l'homme qui met son moi en avant, plein d'orgueil me semble-t-il. Il y a, dans la filiation de Nietzsche, mais plus exactement avant lui, un auteur que Nietzsche aurait emmené sur une île déserte en compagnie de Montaigne : Pascal. Pascal, lui aussi, est plutôt du côté encore de l'abolition du moi. Dans quelle mesure l'abandon du moi est-il la condition de cette réception en soi dont vous parlez ?

M. M. – Je voudrais juste revenir sur la description que vous avez donnée de Rousseau.

R. E. – Oui je ne l'aime pas. C'était purement subjectif.

M. M. – Alors je le défendrai, je le défendrai *mordicus*. Surtout sur ce point. Il me semble justement que la question de l'inspiration chez lui permet de montrer un autre Rousseau, tout au dégoût de lui-même, tout au dégoût d'une vie fastidieuse, et qui d'un coup se trouve devant une impulsion qu'il se donne à lui-même en quelque sorte, pour s'autoriser à aller plus loin. Et c'est cette révélation sur la route de Vincennes qui au fond l'arrache à sa torpeur, lui permet de réconcilier son esprit, sa pensée et son sentiment, et lui permet du coup de construire quelque chose qui va se soutenir en lui avec un haut degré d'intensité, comme il le dit à plusieurs reprises.

R. E. – Feriez-vous une filiation entre l'expérience que fait Rousseau en 1749, quand il est sur le chemin de Vincennes, et le Rousseau de la fin, celui des *Rêveries du promeneur solitaire* qui, sur le lac de Saint-Pierre, se laisse aller au doux sentiment d'exister, et a le sentiment que les objets qui l'entourent pénètrent finalement par les pores de sa peau ?

M. M. – Oui, parce que dans les deux cas il y a quelque chose d'une porosité possible de l'être ; et en ce sens je ne le trouve pas si encombré de son moi qu'une certaine lecture des *Confessions* nous a obligés à le penser. Il veut se déprendre de lui, et c'est aussi l'expérience de Ménilmontant, quand il se fait renverser par ce chien…

R. E. – C'est la deuxième des *Rêveries du promeneur solitaire*, le moment où il chute et il a le crâne ouvert.

M. M. – Oui, il a le crâne ouvert et il a tout d'un coup le sentiment de légèreté infinie en revenant à lui-même, d'avoir enfin eu la possibilité d'être dépris de lui-même. Au fond, on a l'impression que c'est comme s'il lui fallait s'autoriser à quitter sa posture égotiste pour laisser l'accueil possible de quelque chose d'autre. Et c'est exactement ce qui peut se penser dans l'inspiration. Je crois que ce qui réunit beaucoup des auteurs avec lesquels j'ai essayé de travailler, en tout cas sur cette notion, c'est cette façon de se défaire d'une posture justement égotiste du sujet pour entrer dans cette disponibilité, dans cet accueil, dans cette hospitalité de quelque chose qui advient.

R. E. – Prenons acte, Marianne Massin, de ce que vous dites de Rousseau, car vous le dites bien, mais allons en amont de cela chez le maître de la déprise de soi. L'expression « se déprendre de soi-même », d'ailleurs, est une expression de Foucault, mais en amont de tout cela, il y a Pascal et l'expérience fulgurante du *Mémorial* :

« L'an de grâce 1654, lundi, 23 novembre, jour de saint Clément, pape et martyr, et autres au martyrologe.

Veille de saint Chrysogone, martyr, et autres,

Depuis environ dix heures et demie du soir jusques environ minuit et demi,

FEU.

“DIEU d'Abraham, DIEU d'Isaac, DIEU de Jacob”,

non des philosophes et des savants.

Certitude. Certitude. Sentiment. Joie. Paix.

DIEU de Jésus-Christ.

Deum meum et Deum vestrum.

Ton DIEU sera mon Dieu.

Oubli du monde et de tout, hormis DIEU.

Il ne se trouve que par les voies enseignées dans l'Evangile. Grandeur de l'âme humaine.

"Père juste, le monde ne t'a point connu, mais je t'ai connu."

Joie, joie, joie, pleurs de joie. Je m'en suis séparé : *Dereliquerunt me fontem aquae vivae.*

"Mon Dieu, me quitterez-vous ?"

Que je n'en sois pas séparé éternellement.

"Cette vie est la vie éternelle, qu'ils te connaissent, seul vrai Dieu, et celui que tu as envoyé, Jésus-Christ."

Jésus-Christ.

Jésus-Christ.

Je m'en suis séparé ; je l'ai fui, renoncé, crucifié.

Que je n'en sois jamais séparé.

Il ne se conserve que par les voies enseignées dans l'Evangile :

Renonciation totale et douce.

Soumission totale à Jésus-Christ et à mon directeur. Éternellement en joie pour un jour d'exercice sur la terre.

Non obliviscar Sermones tuos. Amen. »

R. E. – C'est l'un des plus beaux textes qui soient. Pascal l'avait cousu dans la doublure de son pourpoint et souhaitait même être enterré avec, alors qu'il n'avait pas un tempérament de propriétaire. Or voilà un texte, Marianne Massin, dont pas une phrase n'est de lui.

M. M. – C'est cela qui est le plus stimulant peut-être pour notre réflexion sur une conception possible d'une inspiration qui serait proprement philosophique et qui ne relèverait pas du mysticisme, quelle qu'en soit ici la part religieuse qu'il ne s'agit évidemment pas de contester.

R. E. – C'est un modèle littéraire finalement.

M. M. – C'est un modèle en tout cas, et, ce qui rejoint votre première question sur le rapport de l'intime et de l'extérieur, c'est une modalité en effet de l'extérieur. Il y a bien quelque chose qui surgit, et qui surgit dans l'altérité de toute évidence, mais ce qui compte ici surtout c'est la manière dont cela est réinterprété dans l'épreuve intime qu'en peut faire Pascal, cette épreuve intime dans laquelle il peut aussi s'être réapproprié et avoir médité tous les fragments des Saintes Écritures qui vont tisser ce texte.

R. E. – Toutes les phrases viennent de la Bible.

M. M. – Non seulement elles viennent toutes de la Bible, mais elles sont couplées extrêmement précisément deux par deux, de l'Ancien et du Nouveau Testament, comme le montre très bien Jacques Darriulat dans *L'Arithmétique de la grâce*.

R. E. – Ceux qui ont eu la chance de suivre les cours de Jacques Darriulat se souviennent peut-être de celui qu'il donne sur le *Mémorial* de Pascal, où l'on apprend notamment qu'en philosophie, le but n'est pas forcément de penser par soi-même, mais aussi d'être capable de penser par autrui. Vous opposez d'ailleurs en cela la figure de l'inspiration à la morale kantienne.

M. M. – C'est vraiment une idée maîtresse, qui m'importe énormément. Justement il me semble que quelque chose de la philosophie s'est lentement asphyxié dans une histoire de la conquête de l'autonomie philosophique. Ce quelque chose m'importe beaucoup. A mon avis il y a un paradoxe sur lequel nous n'avons pas suffisamment médité : la question même de l'inspiration a d'abord été élaborée par les textes philosophiques, en particulier chez Platon. Mais très vite, la philosophie s'en est défiée, l'a tenue en suspicion pour finalement l'ostraciser et la reléguer dans des champs qui n'étaient pas les siens : par exemple la religion, pour se défendre justement de cette emprise de la transcendance…

R. E. – Au motif que l'inspiration n'avait rien de rationnel, et donc qu'elle n'avait rien de propre au sujet.

M. M. – Elle était justement l'hétéronomie dangereuse d'une altérité…

R. E. – L'hétéronomie étant le fait de recevoir sa loi d'un autre.

M. M. – Oui, c'était justement cet autre qui allait parler en lieu et place du sujet humain. Il y avait en outre la singularité d'un élu en lieu et place d'une communicabilité par démonstration et par longue chaîne de raison. On a donc externalisé l'inspiration de cette façon ; ou bien on l'a externalisée dans l'art : et on retombe sur la génialité possible, déjà évoquée. La troisième manière, souvent peu heureuse, est de l'externaliser sur une physiologie hystérique du féminin, traversée par des courants aux connotations sexuelles assez crues.

R. E. – Vous avez dit « peu heureuse », on pourrait l'écrire en un seul mot d'ailleurs : « peureuse ». Mais en même temps, reconnaissons à la démarche kantienne, laquelle considère la philosophie comme la conquête de l'autonomie, l'avantage d'avoir débouté un modèle de l'inspiration qui, dites-vous, fonctionne parfois comme l'alibi d'une auto-création que rien ne garantit. En somme, il vaut mieux apprendre à penser par soi-même plutôt que de sanctifier le désordre de son esprit, et prendre cela pour du génie.

M. M. – Tout à fait. Et se targuer d'une fausse inspiration pour usurper une autorité que rien ne garantit très certainement. C'est pour cela qu'il me semble que la vraie question est de savoir si réellement l'inspiration relèverait d'une totale hétéronomie. Et c'est là où je pense que l'alternative peut être dépassée et que l'inspiration est très exactement le fait non pas d'être inspiré *par*, ce qui serait une transcendance, une extériorité, ce qui réduirait le sujet à une passivité et à une hétéronomie, mais l'inspiration est le fait d'être capable de s'inspirer *de*, et dans ce cas-là, on peut penser par soi-même, tout en restant dans l'accueil de la pensée des autres.

R. E. – C'est, en un sens, ce que traduit Paul Valéry dans « Les pas »[1], où il personnifie l'inspiration :

Tes pas, enfants de mon silence,
Saintement, lentement placés,
Vers le lit de ma vigilance,
Procèdent muets et glacés.

Personne pure, ombre divine,
Qu'ils sont doux tes pas retenus !
Dieux !... tous les dons que je devine
Viennent à moi sur ces pieds nus !

Si, de tes lèvres avancées,
Tu prépares pour l'apaiser,
A l'habitant de mes pensées
La nourriture d'un baiser,

Ne hâte pas cet acte tendre,
Douceur d'être et de n'être pas,
Car j'ai vécu de vous attendre,
Et mon cœur n'était que vos pas.

1. Paul Valéry, *Poésies*, Charmes, « Les pas », coll. « Poésie », Gallimard, 1966, p. 59.

Ce que désigne Paul Valéry dans les deux derniers vers est aussi le rapport complexe du poète à l'inspiration. C'est finalement à force d'attention au monde et aux objets qui l'entourent, même les plus anodins, qu'il se sent pénétré précisément par une muse qu'il choisit de personnifier ; mais il aurait pu faire autrement.

M. M. – L'essentiel est ici cette attente, cette continuité sourde qui va permettre justement que quelque chose se donne, « ces dons que je devine », écrit-il. Et c'est d'autant plus intéressant sous sa plume que Valéry, on le sait, est l'un de ceux qui se sont opposés avec le plus de force et même le plus de violence à la traditionnelle conception platonicienne de l'aimantation, disant qu'il y avait de quoi rougir d'être la Pythie, et qu'il ne pouvait pas concevoir qu'on se flatte d'être inspiré, et d'être simplement le flageolet des dieux.

R. E. – Il disait : « Je préfère écrire en toute conscience et dans une entière lucidité quelque chose de faible, plutôt que d'enfanter à la faveur d'une transe et hors de soi un chef-d'œuvre d'entre les plus beaux. » Et pourtant c'est lui qui écrit le texte précédent !

M. M. – C'est un renversement tout à fait manifeste. Il me semble cependant qu'il n'y a pas de contradiction : Valéry critique la notion platonicienne de l'inspiration dans ce qu'elle peut relever d'une facilité paresseuse, tout en défendant les droits d'une poïétique vigilante, d'une espèce de scrutation par l'intellect…

R. E. – Poïétique désigne étymologiquement la création. La poésie est étymologiquement l'acte de créer.

M. M. – Valéry défend le pan du travail, du labeur, de la vigilance, de l'examen, de la patience, pour sertir petit à petit et dégager de leur gangue de boue les quelques trésors et les quelques pépites qu'on peut arriver ensuite à recomposer. A la suite de cela, il montre comment le poète, une fois ses éléments sertis, laisse l'inspiration advenir pour le lecteur, qui peut-être lui en fera un cadeau rétrospectif.

R. E. – Vous voulez dire que chez Valéry, le travail précède l'inspiration, ou bien l'inspiration vient comme un supplément d'âme qu'on n'a pas choisi et qui nous tombe dessus ?

M. M. – Je pense plutôt qu'il y a une espèce de dialectique et de va-et-vient constant. Il y a à la fois des pépites d'or, ce sont ces rythmes qui vont le traverser, et qui donneront « Le cimetière marin ». Mais de telles trouvailles ne suffiront jamais à ses yeux ; il faut absolument leur adjoindre le travail, l'élaboration lente et patiente. A la suite de cette élaboration, le poème advenu peut dans ce cas-là donner au lecteur le sentiment qu'il a été inspiré. Et c'est un cadeau rétrospectif, dit-il. C'est un cadeau que le lecteur fait au créateur.

R. E. – « Au fond le seul courage qui nous est demandé est de faire face à l'étrange, au merveilleux, à l'inexplicable que nous rencontrons. La peur de l'inexplicable n'a pas seulement appauvri l'existence de l'individu, mais encore les rapports d'homme à homme. Elle les a soustraits au fleuve des possibilités infinies pour les abriter en quelque lieu sûr de la rive. » C'est Rilke qui évoque ici ces lieux sûrs de la rive, dont lui a choisi de s'éloigner, en qualité de poète.

M. M. – J'aime tout particulièrement cette citation de Rilke ; dans mon travail, je la mettais en correspondance avec une certaine attitude possible du philosophe, lorsqu'il a tellement peur de perdre la maîtrise de la raison que cette peur le cantonne sur les lieux sûrs de la rive. C'est pourquoi il me fallait absolument essayer de me confronter à cette opacité, à cette énigme de l'inventivité philosophique, et de voir comment on pouvait être altéré, pour reprendre la dualité que vous évoquiez au tout début, c'est-à-dire recevoir quelque chose de l'altérité dont on peut s'inspirer, tout en en étant très intimement modifié, éprouvé ; l'épreuve de l'inspiration est aussi ce qui nous éprouve comme penseur, ce qui nous dessaisit peut-être de notre maîtrise. Et dans cette altération-là, quelque chose de neuf peut peut-être advenir.

R. E. – Nous allons passer de la rive au rivage si vous le voulez bien, en terminant par un dernier poème de Baudelaire, « Parfum exotique ».

Quand, les deux yeux fermés, en un soir chaud
  [d'automne,
Je respire l'odeur de ton sein chaleureux,
Je vois se dérouler des rivages heureux
Qu'éblouissent les feux d'un soleil monotone ;

Une île paresseuse où la nature donne
Des arbres singuliers et des fruits savoureux ;
Des hommes dont le corps est mince et vigoureux,
Et des femmes dont l'œil par sa franchise étonne.

Guidé par ton odeur vers de charmants climats,
Je vois un port rempli de voiles et de mâts
Encore tout fatigués par la vague marine,

Pendant que le parfum des verts tamariniers,
Qui circule dans l'air et m'enfle la narine,
Se mêle dans mon âme au chant des mariniers.

Nous avons traqué l'inspiration depuis le début avec vous, Marianne Massin, mais nous avons peut-être oublié que le gibier était à nos pieds, puisque nous avons négligé l'évidence : l'inspiration, c'est l'acte d'inspirer, à l'image du poète qui hume les cheveux de Jeanne Duval, et qui en déduit un monde merveilleux.

M. M. – Oui, il faut absolument, y compris dans un travail philosophique, redonner à l'inspiration son sens physiologique. L'inspiration est une pensée ancrée dans un corps, et c'est aussi le fait d'inspirer justement ce qui est extérieur, de s'en inspirer, de s'en réjouir, de s'en dilater, et peut-être de pouvoir ensuite l'exhaler sous une forme neuve en le restituant au monde : cela serait le travail d'une pensée philosophique.

R. E. – Ou d'une pensée poétique. De ce point de vue, y a-t-il une différence, selon vous, entre la démarche philosophique et la démarche poétique ?

M. M. – Je ne souhaiterais justement pas trancher trop vite. Il m'importe en effet de défendre chez ces auteurs sur lesquels j'ai surtout travaillé, Nietzsche, Pascal, Montaigne, Rousseau, des qualités d'écriture qui ne sont pas toujours attendues des philosophes, et qui font qu'en effet la distinction disciplinaire perd peut-être de son sens et de son acuité – pour la question uniquement d'une inspiration intra-humaine, et résolument intra-humaine.

Un grand merci...

A David Kessler, Laurence Bloch et Bruno Patino, sans qui « Les nouveaux chemins de la connaissance » n'existeraient pas.

A Geneviève Méric, Avril Ventura, Adèle Van Reeth et Marion Richez, sans qui les nouveaux chemins n'auraient pas lieu d'être.

Aux réalisateurs et techniciens de Radio France, sans qui les nouveaux chemins n'iraient nulle part.

Table

COMPOSITION : NORD COMPO MULTIMÉDIA
7 RUE DE FIVES - 59650 VILLENEUVE-D'ASCQ

CPI Bussière

Cet ouvrage a été imprimé en France par
CPI Bussière
à Saint-Amand-Montrond (Cher)
en février 2009.
N° d'édition : 2482. - N° d'impression : 090638/1.
Dépôt légal : mars 2009.